ACCESO GRATIS *a la Lectura en la Nube*

Para visualizar el libro electrónico en la nube de lectura envíe junto a su nombre y apellidos una fotografía del código de barras situado en la contraportada del libro y otra del ticket de compra a la dirección:

ebooktirant@tirant.com

En un máximo de 72 horas laborales le enviaremos el código de acceso con sus instrucciones.

LA CAUSALIDAD EN LA RESPONSABILIDAD PATRIMONIAL DEL ESTADO

LA CAUSALIDAD EN LA RESPONSABILIDAD PATRIMONIAL DEL ESTADO

FRANK YURLIAN OLIVARES TORRES

tirant lo blanch
Bogotá, 2024

Olivares Torres, Frank Yurlian, autor
La causalidad en la responsabilidad patrimonial del Estado / Frank Yurlian Olivares Torres. – Primera edición. – Bogotá: Tirant lo Blanch, 2024.
188 páginas: gráficas.
Incluye referencias bibliográficas.
ISBN: 978-84-1056-850-1

1. Indemnización judicial. 2. Daños y perjuicios. 3. Responsabilidad del Estado. I. Descalzo González, Antonio, escritor de prólogo. II. Título.
LC: K836 CDD: 342.088 ed. 23

Catalogación en publicación de la Biblioteca Carlos Gaviria Díaz

Director de la colección:
JORGE IVÁN RINCÓN CÓRDOBA

© TIRANT LO BLANCH
EDITA: TIRANT LO BLANCH
Calle 11 # 2-16 (Bogotá D.C.)
Teléf.: 4660171
Email: tlb@tirant.com
Librería virtual: www.tirant.com/co/
ISBN: 978-84-1056-850-1

Si tiene alguna queja o sugerencia, envíenos un mail a: *atencioncliente@tirant.com*. En caso de no ser atendida su sugerencia, por favor, lea en *www.tirant.net/index.php/empresa/politicas-de-empresa* nuestro procedimiento de quejas.

Responsabilidad Social Corporativa: http://www.tirant.net/Docs/RSCTirant.pdf

Índice

CAPÍTULO SÉPTIMO

Al Doctor Antonio Descalzo González por creer en esta idea y irigir este trabajo de investigación doctoral en la Universidad Carlos III de Madrid.

A los Doctores Miguel Casino Rubio, Luis Felipe Guzmán, Ramón Terol Gómez y Julián Pimiento Echeverri por sus valiosos aportes.

Prólogo

Conforme resulta de la magnífica monografía del Doctor Frank Yurlian Olivares Torres que tengo el honor de prologar, la responsabilidad extracontractual derivada de una actividad lesiva de la Administración pública es una institución esencial en el Estado de Derecho. Se trata, sin embargo, y según detalla y argumenta de manera convincente el autor para el caso de Colombia, de una pieza ciertamente compleja donde cada uno de sus elementos debe ser objeto de especial atención y cuidado.

Como podrá comprobar de inmediato el lector, la obra que tiene entre sus manos analiza en primer lugar el régimen general de la responsabilidad extracontractual para detenerse luego, de forma especial, en el examen de la causalidad como técnica determinante en la adecuada aplicación de la entera institución. Este estudio particular de la causalidad resulta especialmente útil, pues es fruto de la dedicación del Frank Yurlian tanto a la académica como a la actividad profesional en la defensa jurídica de la Administración.

En este sentido, la experiencia acumulada por el autor nos permite descubrir a lo largo de la obra no sólo las fallas que a veces tienen lugar en el entendimiento y aplicación de la figura cuanto, sobre todo, las vías para superarlas de manera adecuada y lograr que la responsabilidad extracontractual de la Administración cumpla su función de garantía de los derechos e intereses legítimos de los ciudadanos sin llegar al exceso de convertirse en una especie de seguro universal ante cualquier adversidad relacionada con la actividad administrativa.

Desde luego, los problemas, disfunciones y soluciones que se analizan con todo rigor en este excelente libro no son exclusivos del Derecho colombiano; antes bien, se repiten de manera similar en otros ordenamientos como el español. Quizás, una muy breve aproximación al régimen español puede ayudar a poner de manifiesto las dificultades que atraviesa con carácter general la institución de la responsabilidad extracontractual y, al tiempo, servir de modesto complemento al trabajo mejor de Frank Yurlian.

Como sucede en Colombia, el principio de responsabilidad de la Administración pública tiene rango constitucional. El artículo 106.2 de la Constitución española reconoce a los particulares el derecho a ser indemnizados por toda lesión que sufran en cualquiera de sus bienes y derechos, salvo en los casos de fuerza mayor, siempre que la lesión sea consecuencia del funcionamiento de los servicios públicos "en los términos establecidos por la Ley".

Aunque de este último inciso puede deducirse que se trata de un derecho de configuración legal, lo cierto es que la doctrina tradicional y mayoritaria entiende que el texto constitucional consagra la responsabilidad patrimonial como objetiva, en el sentido de desencadenarse —cualquiera que sea el contenido y la legalidad o no de la actuación administrativa— por el solo hecho de ser esta la causa de la lesión que experimente el particular.

El concepto clave es, con ello, la lesión. La institución se configura así como técnica de cierre de la garantía patrimonial del ciudadano frente a la acción del poder público, cubriendo todos los supuestos de lesión valorable económicamente distintos de la expropiación forzosa y, por tanto, no cubiertos por dicha institución.

Ahora bien, y como señala para el caso colombiano Frank Yurlian Olivares Torres, el carácter objetivo no significa universal o equiparable a un seguro a todo riesgo, pues no todo daño es indemnizable y, por ello, el juego de la institución experimenta restricciones en función de los elementos de la lesión, la antijuridicidad del daño, la causalidad y la imputación.

En concreto, y en línea con el exhaustivo trabajo desplegado en la obra aquí prologada para el sistema de Colombia, causalidad e imputación no son elementos idénticos, de modo que aquella no determina necesariamente esta. Esto es, no toda lesión es necesariamente indemnizable. Puede decirse, así, que la objetividad de la institución no implica surgimiento mecánico y en todo caso del deber de indemnizar de suerte que los caracteres generales del sistema de responsabilidad en España son, en breve esquema, los siguientes.

Para empezar, se trata de un sistema unitario de derecho administrativo, que garantiza a todos los sujetos privados un tratamiento patrimonial común ante la Administración pública. Otorga, en segundo lugar, alcance general al principio de responsabilidad patrimonial comprendiendo, según la doctrina jurisprudencial contencioso-administrativa, todo tipo de actuaciones extracontractuales administrativas (normativas o no, jurídicas y materiales, por acción u omisión o inactividad). Confirma y asume, en tercer lugar, el doble carácter directo y objetivo de la responsabilidad, en el sentido de que las lesiones que experimenten los sujetos privados, sin tener el deber jurídico de soportarlas, dan lugar al derecho de aquellos a ser indemnizados por la Administración correspondiente sin necesidad ni de individualizar —ni de reclamar previamente— a la autoridad, funcionario o agente cuya conducta haya causado efectivamente la lesión, y, además, con independencia de la licitud o ilicitud de tales conducta o funcionamiento, pero con referencia, en su caso, a un estándar del servicio público y siempre que dicho daño sea efectivamente imputable a la Administración y en la medida en que lo sea, determinando en esta el correlativo deber. Para que se actualice la responsabilidad patrimonial es preciso, además, que la lesión sea imputable a un servicio público cuya titularidad corresponda a una Administración, siendo indiferente que el régimen aplicable para la gestión del servicio sea público o privado.

Por consiguiente, y en relación con la figura de la causalidad especialmente analizada en la obra prologada, hay responsabilidad administrativa cuando la imputación del daño o perjuicio a la Administración correspondiente tiene lugar bien por acción u omisión de un funcionario, empleado o agente de la Administración, bien por la generación por el servicio público de que se trate de un riesgo, cuya actualización haya determinado el daño o perjuicio. No obstante, debe tenerse en cuenta que no todo riesgo que conlleve el desarrollo de la función administrativa es susceptible de desencadenar la responsabilidad. Para determinar el riesgo cuya actualización sea capaz de producir tal efecto ha de estarse a las características de la función o servicio público. Así, no excluye la imputación el caso fortuito, consistente en todo acontecimiento interno, inscrito en el funcionamiento del servicio público y producido por la propia índole de sus elementos, realmente insólito y extraño al campo de las previsiones típicas de cada actividad, según su propia naturaleza, siempre que la causa que lo motive sea extraña e independiente del titular del servicio.

Todo lo cual no significa, insisto, que pueda confundirse el régimen directo y objetivo de responsabilidad patrimonial con un sistema de aseguramiento universal de todos los riesgos derivados de la prestación de servicios públicos, pues ello comportaría, como dice la doctrina del Tribunal Supremo, su transformación en un "sistema providencialista no contemplado en nuestro ordenamiento jurídico".

Dispuestas así las cosas, la lesión resarcible es pieza clave de la responsabilidad patrimonial de la Administración pública. Como la responsabilidad es un mecanismo de reparación de un resultado y no de sanción por un comportamiento inadecuado o irregular, el concepto de lesión patrimonial se convierte en la base del sistema. De ahí la necesidad de precisión del término. Comprende solo el daño o perjuicio que sea antijurídico o que el particular no tenga el deber jurídico de soportar de acuerdo con la ley. La antijuridicidad no trae causa de la incorrección de la acción u omisión causante del hecho dañoso o perjudicial, sino exclusivamente de la inexistencia de deber jurídico en el dañado o perjudicado de sufrir y soportar las consecuencias que de aquel hecho se derivan para su esfera patrimonial, es decir, de la ausencia de título bastante justificativo del daño o perjuicio ocasionado.

A su vez, y en línea con el desarrollo excelente desplegado por Frank Yurlian, la relación de causalidad es capital avanzar sobre el deber jurídico de soportar el daño pues, en efecto, el surgimiento de la responsabilidad depende, en todo caso, de la existencia de una relación causal, esto es, de un nexo de causa a efecto entre actuación administrativa y daño o perjuicio. Como dice la Sentencia del Tribunal Supremo de 14 de febrero de 2011, para que nazca la responsabilidad patrimonial se precisa la existencia de un daño real y efectivo cuya producción ha de ser imputable por acción u omisión a una Administración Pública. Entre la actuación de la Administración y el daño debe existir un nexo causal, constituyendo presupuesto de la responsabilidad patrimonial de la Administración ese enlace de causa a efecto entre el funcionamiento del servicio y la lesión, sin que se pueda generalizar dicha responsabilidad más allá de este principio de causalidad. Dicha relación, además, ha de ser directa, inmediata y exclusiva (sin intervención extraña) de tal manera que la interferencia de culpa de la víctima o del hecho de un tercero exonera a la Administración de responsabilidad cuando sea determinante del resultado lesivo.

No obstante, una línea jurisprudencial actualmente dominante señala que la exclusividad no es nota necesaria de la relación de causalidad, de tal manera que la interferencia del hecho del propio afectado o de un tercero: i) no elimina por sí sola la responsabilidad de la Administración pública, aunque sí da lugar a la procedencia de la valoración de tal concurrencia con el fin de, en su caso, moderar equitativamente o distribuir la cuantía de la indemnización; pero ii) puede llegar a exonerar de responsabilidad a la Administración, lo que tiene lugar cuando la conducta misma del perjudicado o la de un tercero ha sido la única determinante de la lesión, incluso habiendo sido anormal el funcionamiento del servicio.

En lo que se refiere al carácter directo del nexo causal hay también una línea actual de tendencia hacia su interpretación laxa cuando se esté valorando la imputación del daño por conducta de un agente de la Administración (apreciando la concurrencia del nexo incluso en casos de actuaciones privadas de los agentes sin vinculación relevante con el servicio público). La doctrina jurisprudencial ha reaccionado, sin embargo, frente a esa tendencia, señalando que la responsabilidad de la Administración no puede ser tan amplia que alcance a los daños derivados de actos puramente personales de sus servidores que no guardan relación con el servicio.

Por lo tanto, y conforme señala la jurisprudencia, la existencia de nexo causal, los términos en que determina la imputación y, en su caso, la ruptura de dicho nexo con exoneración de la Administración son cuestiones a apreciar en sede judicial en función de los hechos concurrentes en el caso concreto, si bien la prueba de su existencia corresponde al que reclama la indemnización.

En todo caso, la relación de causalidad opera de modo específico en cada uno de los supuestos de comportamiento activo y omisivo. Si en el primero basta que la lesión sea lógicamente consecuencia de la correspondiente acción en términos permisivos de la atribución lógica del resultado lesivo a la misma, en el segundo de la conducta omisiva no es suficiente una conexión lógica, pues esto conduciría a una ampliación irrazonablemente desmesurada de la responsabilidad, siendo necesario que haya algún otro dato en virtud del cual quepa objetivamente imputar la lesión, el cual solo puede ser la existencia de un deber jurídico de actuar.

Por consiguiente, y como puede verse, los problemas que rodean a la correcta aplicación de la responsabilidad extracontractual de la Administración pública y, particularmente, a la relación de causalidad son ciertamente comunes en nuestros sistemas y llaman a una continua reflexión como la sostenida, en verdad, de manera profunda en esta obra. Sólo me resta felicitar al autor y dejar ya libre al lector para que pueda adentrarse en ella.

Profesor Doctor Antonio Descalzo González
Director del Instituto Universitario Pascual Madoz
Universidad Carlos III de Madrid

Introducción

El juicio de la responsabilidad patrimonial del Estado es quizás uno de los más complejos, pues su validez está en el análisis del daño antijurídico, la causalidad y la imputación, que en conjunción pueden dotar de conocimiento al juzgador de si existe o no mérito para declarar la estructuración de la responsabilidad. De los anteriores elementos, consideramos que la causalidad es de gran relevancia, en el entendido de que no se puede estipular un único sistema teórico para resolver los casos, sino que ello dependerá del tipo de reproche obligacional que se le realice a la actuación estatal.

De ahí que, inicialmente se abordará la conceptualización de la Responsabilidad Patrimonial del Estado[1], en la cual se desarrollarán sus dos principales funciones, la reparadora y la preventiva del buen funcionamiento de los servicios públicos, pues dependiendo de dicha estipulación o de las funciones que tenga o que se considere que debería tener la responsabilidad patrimonial, el resultado varía.

Un segundo aspecto que puede variar el análisis de responsabilidad patrimonial es el concepto que se tenga de los elementos necesarios de análisis, por lo que resulta importante realizar una precisión de dichos elementos, pues, tratándose del juicio contra el Estado, si dicha estructura de análisis no es clara o sus elementos necesarios de análisis presentan problemas de utilización, se puede correr el riesgo de convertir al Estado en un asegurador universal.

Es por ello, que la teoría de la causalidad[2] es determinante en todo el análisis de responsabilidad patrimonial, pues será el freno ante la tendencia de convertir al Estado en un reparador de todos los daños antijurídicos como si fuera un especie de asegurador universal y por lo cual, se desarrollará la causalidad como escenario

---

1 En adelante RPE.

2 En adelante TC.

de diversas teorías, en la que inicialmente se traerá a colación una diferencia bastante sutil, como lo es la relación de causalidad y la relación de explicación causal, pues son dos elementos que en la práctica tienen una utilidad más o menos inconsciente y por ello, merece darle un alcance más directo con el objetivo de que no se siga con la estipulación de que la TC está limitada únicamente a la relación de causalidad o el nexo causal, pues como se denotará, es solo un criterio de análisis de la causalidad.

Igualmente, debido a la importancia de realizar un válido juicio de RPE, resulta importante referirnos a la tradicional bifurcación de la indagación causal y en primera medida, desarrollar la causalidad física y sus diferentes acepciones, pues en la práctica el juzgador en algunas ocasiones omite dicho análisis y da por válido, que la causa que se seleccionó para imputar responsabilidad, es la auténtica causa física, cuando en realidad, dicha causa no es ni siquiera una condición causal y menos una causa física, sino una mera relación de eventos. De ahí que, merece toda la importancia estipular claramente el criterio contrafáctico simple y sus modificaciones en el derecho y la manera de utilizarse en la responsabilidad patrimonial.

Una vez realizado el estudio de causalidad física, el juicio de responsabilidad patrimonial se deberá concentrar en lo que se conoce como la causalidad jurídica. Al desarrollarse esta, se traerán a colación las principales TC jurídica como lo son la adecuada, la imputación objetiva, la próxima, la probabilística y la eficiente. Todas ellas, a pesar de tener un buen desarrollo teórico, consideramos que en la práctica y en la resolución de los casos de la RPE, no tienen utilidad válida, pues como se verá, los jueces las mencionan, pero no se realiza una auténtica utilización de ellas. Una de las razones de lo anterior, es que dichas teorías fueron desarrolladas para la responsabilidad civil o penal y fueron traídas a la del Estado, y no se advirtió que el Estado realiza múltiples actuaciones y que cada una puede tener diferentes reproches o proyección causal.

Siguiendo esa línea de pensamiento, se considera más apropiado estipular en el presente trabajo una metodología de análisis de la causalidad en la RPE, que se adapte a la resolución de los casos de RPE, atendido a que en los términos del artículo 90 de la Constitución Política de Colombia, "el Estado responderá por los daños antijurídicos que le sean imputables, causados por acción u omisión por una autoridad pública". Lo que significa, que se deben analizar tres elementos necesarios tales como, el daño antijurídico, la causalidad y la imputación.

Y en tal sentido, en esta investigación se realiza una estipulación de la actuación estatal y particularmente, qué es una acción o acto positivo del Estado en la cual se abordará la relación entre el actuar del agente y la actuación estatal. Seguidamente, se denotarán las particularidades de la omisión estatal, para así, desarrollar el análisis de la causalidad en el juicio de RPE. Una de las particularidades que se propone en dicho análisis, es la premisa de que si bien el Estado realiza distintas actuaciones, lo válido por afirmar, es que las mismas no serían, las que deberíamos analizar como las causantes del daño, sino que serían lo que llamaremos los reproches obligacionales y por ello, se propone una metodología de análisis de la causalidad sin reproche y con reproche obligacional, teniendo clara la relación entre el daño, el hecho dañino y la actuación como premisa.

Lo anterior resulta de gran utilidad para el juicio pragmático de RPE, porque uno de los principales problemas que se advirtieron en la presente investigación, es precisamente la teorización de la responsabilidad y su total desconexión con la resolución de los casos, lo cual conlleva en no pocos casos, a que procesos totalmente idénticos desde el punto de vista fáctico y jurídico, resulten totalmente distintos, dependiendo de la teoría que el juez considere que debe aplicar y de la manera como se aplique. Es así que, dicha problemática que en la práctica genera muchos inconvenientes, es lo que motivó la presente investigación con el objeto de estipular unos criterios que más que sean teóricos, permitan realizar un juicio de causalidad válido y aunque con esta metodología de análisis de la causalidad en la RPE no se puede pretender darle solución a todos los problemas que en la práctica se presentan, sí pretende ser una guía ante la resolución de esos casos difíciles.

Capítulo primero

Las funciones de la responsabilidad patrimonial y su incidencia en la práctica jurídica

1.1. PLANTEAMIENTO

Uno de los aspectos de la responsabilidad patrimonial que reviste gran importancia lo constituye precisamente la conceptualización y precisión de sus funciones. Su importancia no se centra en las particularidades conceptuales o las discusiones teóricas que sobre la misma se puedan dar, sino en su incidencia en la pragmática jurídica, en atención a que de acuerdo con la estipulación que se tenga en el ordenamiento jurídico de la función que debería cumplir la responsabilidad patrimonial, dependerá la resolución de los litigios y en especial, el análisis de los elementos de la responsabilidad. Mir Puigpelat (2012) afirmó lo siguiente:

> [...] un análisis riguroso, por tanto, de las funciones de la responsabilidad civil, debería circunscribirse a cada ordenamiento concreto, y partir de un examen detenido de las características de su sistema de responsabilidad y aun de otras instituciones distintas pero relacionadas con la misma, la cuestión se complica enormemente porque con gran frecuencia se confunden las funciones que tiene la responsabilidad civil con las que la misma debería tener. (p. 103)

Dicha confusión radica en especial en la intromisión del principio de solidaridad en el juicio de responsabilidad, pues a partir de dicho concepto se ha tratado de desdibujar el papel que cumple la causalidad como elemento necesario de la responsabilidad patrimonial, desconociéndose en algunas ocasiones la función reparadora o compensatoria.

Para fundamentar lo anterior, basta con traer a colación lo precisado por Cassagne (2016) en el sentido de que "el fundamento jurídico de la responsabilidad del Estado se encuentra en la justicia y en los principios que derivan de ella" (p. 407), y una de las características principales de la justicia en relación con la responsabilidad es la reparación de los daños causados, ni más ni menos, puesto que de darse una mayor reparación se estaría constituyendo un incremento patrimonial no justificado y de darse una menor reparación no se estaría compensando el daño realmente padecido. Al respecto, García de Enterría y Fernández (2013) precisaron:

> [...] hay dos correctivos de la prerrogativa de la Administración -decía Hauriou- que reclama el instinto popular, cuyo sentimiento respecto al poder público puede formularse en estos dos brocados: que actúe, pero que obedezca a la Ley; que actúe, pero que pague el perjuicio. El principio de legalidad y el de responsabilidad patrimonial de los entes públicos constituyen, por ello, los dos grandes soportes estructurales del Derecho Administrativo, cuyo equilibrio, amenazado siempre por el peso inicial de las prerrogativas del poder, depende, justamente, de su correcto juego. (p. 369)

Es precisamente, en la justicia la función de reparación tiene una gran importancia, pero no de una manera amplia hacia la víctima, sino de una manera sensata, por lo que no tendría lugar el principio de la solidaridad dentro de este contexto. Es decir, el concepto de justicia en la responsabilidad patrimonial no está fundada en la premisa general de que en todos los casos la víctima sea reparada, sino que se tienen en cuenta premisas particulares, relacionadas con el soporte probatorio, la causalidad y la justificación de un criterio de imputación. De ahí que, "las normas de responsabilidad pretenden, así, corregir el resultado generado por el devenir de las cosas reparando el daño sufrido por la víctima, su función de la responsabilidad es, por tanto, por definición protectora, reparadora, tuitiva, transformadora" (Mir Puigpelat, 2012, p. 106).

Lo indicado, permite afirmar que el enfoque de la RPE está dado por la conjunción -la víctima y su daño-; es decir, en nuestro concepto la primordial función de la responsabilidad es la reparadora, la cual consiste en tratar de dejar a la víctima indemne, más no mejorada en su patrimonio como si el daño hubiera sido un beneficio, siempre y cuando se estructuren las demás condiciones necesarias para la atribución de la responsabilidad. García Amado (2015) al respecto, precisa que:

> Siendo realistas y, sobre todo, congruentes con el verdadero funcionamiento del sistema de responsabilidad por daño, tal como es, está regulado y se aplica, deberíamos razonar a partir, en primer lugar, de la conciencia de que se trata de dirimir quién paga a quién y por qué, no de hacer homenaje a caprichosas justicias correctivas o restauradoras.

Se desprende que, la responsabilidad patrimonial debe ser analizada no desde la óptica del principio de la solidaridad, sino desde la óptica misma del daño; ese tendría que ser el centro de atención tanto para su cuantificación, como para la determinación de las víctimas, su causación, su imputación, etc. Lógicamente la solidaridad no está prohibida por los ordenamientos jurídicos[1], pero sí es claro que no es responsabilidad por daños. Ahora bien, dichos conceptos se confunden con el concepto del carácter objetivo de la responsabilidad, y que, por ello, se convierte al Estado en un asegurador universal de daños. Al respecto, Pantaleón Prieto (1995) considera lo siguiente:

> La responsabilidad patrimonial de las administraciones públicas está configurada en nuestro ordenamiento jurídico como una responsabilidad objetiva, pero centrado de modo preciso el núcleo de la controversia existente acerca del significado del instituto resarcitorio, se plantea si verdaderamente se trata de un instituto resarcitorio, construido sobre la base de criterios de justicia conmutativa y eficiencia económica o si, desbordando ese concreto significado, constituye un sistema de cobertura social de todos los riesgos inherentes a la existencia de la Administración pública. (p. 74) [fin de cita]

---

1 El principio de la solidaridad es la base del sistema de la responsabilidad administrativa, cuya fuente no es el daño sino una regla o norma que se activa por la certeza de una situación vulnerable. Un claro ejemplo de ello, lo constituye la Ley 1448 del 2011, "por la cual se dictan medidas de atención, asistencia y reparación integral a las víctimas del conflicto armado interno", en la cual en el artículo 14 estipula que "la superación de vulnerabilidad manifiesta de las víctimas implica la realización de una serie de acciones que comprende: El deber del Estado de implementar las medidas de atención, asistencia y reparación a las víctimas. El deber de solidaridad y respeto de la sociedad civil y el sector privado con las víctimas, y el apoyo a las autoridades en los procesos de reparación". Ello implica que el Estado ante una situación de vulnerabilidad debe actuar desde el punto de vista de solidaridad, pero ello no lo convierte en el responsable del daño, pues para ello si se requiere la estructuración de los elementos de la responsabilidad patrimonial consagrados en el artículo 90 de la CP. Este aspecto se ampliará en el acápite 1.2.2.

A la anterior dicotomía se ven sometidos los juristas prácticos, al no contarse con una claridad sobre las reales funciones de la RPE, pues la línea argumentativa puede variar en una u otra posición sin que exista la más mínima conciencia de ello. De ahí que, conviene tener como punto de partida "que el fundamento de la responsabilidad estatal no es otro que el Estado de Derecho y sus postulados. Es de esos principios o postulados que forman un complejo y que tienden, todos, a lograr la seguridad jurídica..." (Marienhoff, 1973, p. 251).

Y es precisamente por la seguridad jurídica, que el análisis de la RPE debe ser totalmente clara, en la que las víctimas puedan solicitar la reparación de sus daños con criterios precisos en cuanto a su tipología, cuantía, la causalidad y los criterios de imputación. Misma claridad que serviría en gran medida al propio Estado, pues así se evitarían disputas jurídicas inoficiosas y se pasaría a los escenarios de la conciliación y de la prevención del daño antijurídico.

Siguiendo esa línea de pensamiento, podríamos precisar que la responsabilidad patrimonial tiene por lo menos en nuestra forma de ver, dos funciones que inciden directamente en la pragmática jurídica y las cuales pasaremos a analizar de una manera un poco más detallada: (i) la función reparadora o compensatoria y (ii) la función preventiva del buen funcionamiento de los servicios públicos.

1.2. LA FUNCIÓN REPARADORA O COMPENSATORIA Y SU DIFERENCIA CON EL PRINCIPIO DE SOLIDARIDAD

1.2.1. La función reparadora es el eje central de la responsabilidad patrimonial del estado

La principal función de la responsabilidad patrimonial es la reparadora o compensatoria, pues no se puede concebir la misma sin dicha función, dejaría de ser responsabilidad y se convertiría en algo más, en una institución vacía y por esa razón, tal y como lo precisa Mir Puigpelat (2012):

> La responsabilidad civil, en este sentido, persigue y debe perseguir la reparación de los daños producidos a las víctimas (...) la reparación de daños

> parece ser, en efecto, la razón de ser de la institución, la que justifica su existencia; una responsabilidad civil que no repara daños no sería, seguramente, verdadera responsabilidad civil, sino una institución distinta. (p. 104)

En resumidas cuentas, la víctima es el centro de análisis en esta función de la responsabilidad, pues como se indicó en el epígrafe anterior, se debe buscar por todos los medios reparar a la víctima en su proporción del daño, ni más ni menos y ello en la medida de que es "principio en materia resarcitoria de que el daño no puede convertirse en fuente de enriquecimiento para el damnificado" (Goldenberg, 2000, p. 15) ni en fuente de empobrecimiento.

Dicho pensamiento se agudiza más cuando se analiza la RPE, pues las víctimas[2] tienen unas cargas soportables[3] y unas cargas que no deben soportar[4] y es en relación con esa premisa de análisis en donde coinciden dos conceptos que se constituyen en bases de la institución, el de justicia y el desbordamiento de las cargas públicas. Al respecto, Cassagne (2016) precisa:

> La obligación de reparar tiene un fundamento en la justicia que, como es sabido, radica en una relación de igualdad. Cuando se genera un daño por la actuación estatal se opera un desequilibrio, que no es justo que sea soportado en forma desigual por los habitantes. La restitución o compensación se rige, en principio, por las reglas de la justicia conmutativa (en proporción a la cosa) aun cuando puede haber también aplicación de los criterios de justicia distributiva (que imponga el deber de soportar una carga o daño en tanto ello sea razonable y no implique un sacrificio especial) así como también que retribuyan a las personas los daños según criterios de mérito o de circunstancias especiales. En el derecho público, los desequilibrios que provoca el accionar legítimo del Estado se compensan o indemnizan cuando no pesa sobre el particular la obligación de soportar el daño. (p. 409)

La última frase de Cassagne, encierra todo el problema de determinar los límites de la RPE, pues surgen tres cuestiones a saber: ¿Cuáles son los daños que deben ser soportados por los ciudadanos y en qué condiciones se deben analizar? ¿Si solo responde el Estado

---

2 Los ciudadanos.

3 Por ejemplo, pagar impuestos, estar vinculados a una investigación penal y/o disciplinaria, soportar una limitación a la propiedad por declaración ambiental, entre otros.

4 Por ejemplo, violación contra el derecho a la vida, integridad física, ser privado de la libertad sin el cumplimiento de los requisitos de ley, entre otros.

patrimonialmente cuando el daño se generó o causó por el funcionamiento normal o anormal de sus funciones? y, ¿Bajo qué criterios se puede concluir que el funcionamiento normal o anormal de las funciones del Estado fue la causa del daño?

Al respecto, se puede precisar que el Estado en su conjunto realiza las actividades bien sea de manera positiva o de manera negativa; es decir, por acciones u omisiones[5]. De ahí que, el análisis del desbordamiento de las cargas públicas si bien es transversal en todas las actuaciones, es válido afirmar que tiene una mayor importancia de análisis de los daños derivados de actuaciones positivas lícitas o dentro del marco de un funcionamiento normal de las funciones[6], en el entendido de que se parte de la premisa que el Estado no desconoció las pautas normativas que tenía que acatar y a pesar de ello, causó un daño. Es en ese escenario en el que se debe absolver la pregunta fáctico-normativa ¿Existe una norma que le imponga a la víctima el deber de soportar el daño?

Es decir, existen unos daños y/o cargas que por el hecho de estar viviendo en sociedad todos debemos soportar, como, por ejemplo, ser privados de la libertad en acatamiento de los parámetros legales[7], soportar una limitación a la propiedad derivada del decreto de una

---

5 El artículo 90 de la Constitución Política de Colombia establece que el daño antijurídico le será imputado siempre que sea causado por una acción o por una omisión. Igualmente, los artículos 104 y 140 de la Ley 1437 del 2011 "Código de Procedimiento Administrativo y de lo Contencioso Administrativo", estipula igualmente como formas de actuar de la administración la acción u omisión.

6 Son las actuaciones sin reproche obligacional.

7 La Corte Constitucional Colombiana mediante las sentencias SU 072 del 2018 y SU 363 del 2021, al unificar el fundamento de la privación injusta de la libertad, estipuló las siguientes premisas para el estudio de la antijuricidad del daño: (i) Se analiza el hecho de la imposición de la medida de aseguramiento, (ii) el daño es antijurídico cuando la medida fue manifiestamente irrazonable y desproporcionada, (iii) no toda medida de aseguramiento impuesta a una persona que es declarada posteriormente inocente, conlleva a una responsabilidad estatal, es necesario tener en cuenta las razones por las cuales se impone esa medida y (iv) no puede predicarse como regla general una responsabilidad objetiva por el hecho de privar a una persona de su libertad precautelativamente, y luego ordenar su libertad, sino que es necesario revisar, si la medida fue manifiestamente irrazonable y desproporcionada. Si se cumplen esos parámetros de podría

medida cautelar en un proceso de extinción del derecho de dominio[8], una limitación a la propiedad privada por encontrarse en una zona declarada reserva forestal[9], etc. Dichas cargas deben tener un sustento normativo, no solo en el sentido de indicar qué se debe soportar, sino en el sentido de indicar la manera cómo el Estado puede actuar de manera legal sin causar daños antijurídicos o lo que se ha denominado lesión resarcible.

En ese escenario se cumple a cabalidad la función reparadora de la responsabilidad, pues si el daño deriva y/o es causado por una actuación que se constituye en legal, y el mismo se constituye en uno los denominados antijurídicos, la única finalidad es la de compensar dicho daño. Igual tratamiento merece la responsabilidad por los daños que son causados por las actuaciones derivadas del funcionamiento anormal[10], que desconocen los parámetros normativos que deben aplicar y que, por ello, causan daños antijurídicos, aunque

---

concluir que el daño o afectación al derecho de la libertad personal sería antijurídico.

8 Para el Consejo de Estado, la sola existencia de un proceso de extinción del dominio con independencia de su resultado es una carga que debe ser soportada por los ciudadanos, como expresión o manifestación del genérico deber de colaboración la Administración de Justicia. Consejo de Estado, Sección Tercera, Exp. 50930, 2019.

9 En relación con esta carga, el Consejo de Estado ha estipulado como pautas de daño jurídico las siguientes: (i) Cuando se declara que la afectación en virtud de la función social y ecológica de la propiedad, esa limitación, por regla general es una carga que el propietario está en la obligación de soportar (Consejo de Estado, Sección Tercera, Exp. 21906, 2012), (ii) la modificación de los usos del suelo no es premisa de antijuricidad. y (iii) la pérdida del valor del inmueble o su depreciación no es premisa de antijuricidad (Consejo de Estado, Sección Tercera, Exp. 33113, 2015). Igualmente, ha considerado que para que el daño se estructure en antijurídico, (i) se debe probar que la afectación fue total, (ii) que no se mantiene un aprovechamiento económico, (iii) se debe analizar el contenido concreto de la propiedad – núcleo esencial del derecho (Consejo de Estado, Sección Tercera, Exp. 33113, 2015 y Exp. 44670, 2021), (iv) se debe analizar si el titular del bien cuenta con genérica utilidad privada de carácter económico (Consejo de Estado, Sección Tercera, Exp. 21906, 2012) y (v) no se requiere probar que el demandante explotara el bien con anterioridad.

10 Son las actuaciones con reproche obligacional.

en este último escenario, entra en juego la segunda función que se desarrollará más adelante y es la de la prevención del buen funcionamiento de la actuación estatal.

Bajo esta tesitura, la RPE al tener la función de reparar y/o compensar a la víctima, se parte en algunas ocasiones de la premisa general de que en todos los casos debe existir reparación a la víctima, pero para llegar a dicha conclusión se requiere lógicamente el análisis juicioso de dos elementos adicionales, la causalidad y la imputación, función que se amplía más o se logra más cuando los casos son resueltos con base en un sistema objetivo de responsabilidad, con la advertencia que nos trae Fernández Farreres (2018):

> La responsabilidad por daños no debe cumplir otra función que la estrictamente resarcitoria o compensatoria, reparando el equilibrio personal o patrimonial alterado, sin que, como en alguna ocasión ha afirmado la jurisprudencia, la Administración se pueda convertir en una aseguradora universal de todos los riesgos. Quiere decirse, pues, que se distorsionará por completo la razón de ser de la institución si esta se concibe como una manifestación más de la función asistencial del Estado. (p. 449)

Ello autoriza a concluir que, el auténtico juicio de responsabilidad patrimonial debe hacerse de una manera cuidadosa en relación de cada uno de los elementos que la integran y en especial, el de la causalidad pues está nos estará indicando el camino válido de análisis.

1.2.2. El principio de solidaridad incide en el juicio de responsabilidad patrimonial de una manera implícita e inválida

La función reparadora de la responsabilidad[11] constituye la principal función de la RPE, pues lleva implícito el válido análisis de la causalidad. Es decir, la función reparadora no se concreta únicamente con la presencia de un daño, sino que se requiere de un daño causado sea por la acción u omisión del Estado y que él mismo le resulte imputable a él.

Por lo tanto, el elemento que potencializa dicha función lo constituye precisamente la causalidad. No obstante, se aprecia que existe una cierta incidencia del principio de solidaridad en dicho juicio, lo

---

11 Como se indicó previamente.

cual desdibuja por completo el análisis causal que necesariamente se debe realizar con el objeto de tener claridad, si el daño causado deriva del reproche realizado a la actuación del Estado. Al respecto, Pimiento Echeverri (2015) precisa lo siguiente:

> La solidaridad ha sido un fundamento válido por parte de la Jurisdicción de lo Contencioso Administrativo para encontrar comprendida la responsabilidad del Estado ya sea desde el punto de vista de la antijuridicidad del daño o bien a partir del análisis de la imputación –por supuesto, la imputación jurídica.
>
> [...] en el caso de la solidaridad como fundamento del deber de reparar, se atribuye a las autoridades públicas el deber de soportar la reparación de un daño, aun cuando su conducta no ha contribuido a su causación; mientras que, en el caso de la responsabilidad, el deber de reparar deviene de la intervención decisiva del agente causante en la producción del daño alegado. En el primer caso se imputan las causas del daño, en el segundo se atribuye exclusivamente el deber de repararlo. (p. 19)

Es claro que la solidaridad tiene un elemento de análisis que comparte con la responsabilidad como lo es el daño padecido por la víctima. No obstante, ambas varían en un aspecto fundamental como lo es la fuente de la obligación, en la responsabilidad, la fuente de dicha obligación y/o deber de reparar deriva de la conjunción con otros dos elementos, la causalidad y la imputación; en el caso de la solidaridad, la fuente deriva del principio del Estado Social de Derecho como respaldo a la condición de vulnerabilidad en la que se pueden encontrar las víctimas de un hecho dañino. Mir Puigpelat en esa línea (2012) precisa lo siguiente:

> La institución de la responsabilidad patrimonial de la administración no constituye un mecanismo válido de articulación de la solidaridad y la redistribución... si, en efecto, se quiere dar una respuesta solidaria, redistributiva y progresista al problema de las víctimas de la acción pública, no debe alimentarse más y más la institución de la responsabilidad patrimonial de la administración, sino que conviene ampliar la cobertura de la seguridad social, porque la seguridad social permite una adecuada redistribución de renta y puede ser diseñada por el parlamento en atención a las dotaciones presupuestarias y de forma planificada y paralela a las variables exigencias sociales. La seguridad social a diferencia de la responsabilidad civil no indemniza cuando se produce un daño, sino cuando se produce una situación de necesidad. (p. 217)
>
> [...] la responsabilidad civil de la administración debe ser mantenida, por tanto, solo en la medida en que sirva a la reparación y prevención de daños, al control de la administración y a la demarcación de sus conductas. La seguridad social repara y redistribuye la renta. (p. 219)

En consecuencia, no debe ser confundida la función de reparación de un daño, con la función social que el Estado tiene y si bien es lógico que todos los que son víctimas de cualquier daño buscan su reparación y/o compensación, lo válido es que en la medida en que el mismo sea causado por el funcionamiento de la actuación estatal será objeto de reparación, pues la fuente de dicho pago deriva de la prueba del daño en conjunción con la estructuración de la causalidad y la imputación.

Teniendo en cuenta lo anterior, M'causland Sánchez (2013) válidamente precisa lo siguiente:

> Entonces, si bien la solidaridad constituye un fundamento complementario de la responsabilidad del Estado en todos los casos, dado que las condenas que a éste se imponen se pagan siempre con dineros del presupuesto público, dicho principio no permite justificar autónomamente tal responsabilidad, puesto que para ella se configure se requiere que el principio resulte imputable al Estado, por haberlo causado materialmente, obrando ilícita o lícitamente, en este último caso rompiendo el equilibrio frente a las cargas públicas; por haber propiciado o facilitado, con su actuación ilícita, la causación del daño por terceros, o por haber creado conscientemente, en ejercicio de una actuación lícita, el riesgo de que ellos actuaran.
>
> Conforme lo expresado, puede concluirse, por una parte, que la consideración de la solidaridad como fundamento primordial de la responsabilidad patrimonial del Estado, en los eventos en los que a él no le es imputable el daño, supone confundir indebidamente los dos conceptos, prescindiendo de la verificación necesaria de la existencia de los elementos estructurales de la obligación de indemnizar y, entre ellos, especialmente, la imputación. (p. 567)

Del mismo modo, Pimiento Echeverri (2015) ha justificado las razones en contra de la tesis de considerar al principio de la solidaridad como fundamento del juicio de responsabilidad, que se pueden resumir de la siguiente manera:

> i) El juicio de responsabilidad implica la atribución de los efectos nocivos del hecho dañoso desde una óptica de reparación integral; sin embargo, el principio de solidaridad parte del análisis de la progresividad del gasto público.
>
> ii) El juicio de responsabilidad no es un escenario válido para la justicia distributiva, porque:
>
> 1. El juez contencioso administrativo no debe realizar juicios de políticas públicas, ni incluir consideraciones derivadas de la progresividad del gasto social en sentencias en las que se analice la responsabilidad del Estado.
>
> 2. No garantiza la igualdad de los ciudadanos, pues solo se resuelve la situación del o de los demandantes y no la de los demás miembros de la sociedad que pueden haber sufrido perjuicios.

3. El juicio de responsabilidad se basa en el análisis de los elementos de la responsabilidad, incluida la imputación del daño, en este entendido, si se trata de la aplicación del principio de solidaridad, mal haría el juez al imputar ese daño a una persona pública en concreto, pues se trata de una falencia general del Estado.

4. El juicio de responsabilidad terminaría beneficiando a personas –víctimas indirectas- que no han sufrido realmente un perjuicio, la aplicación del principio de solidaridad los enriquecería sin justa causa. (p. 33)

En esa línea de pensamiento, en sentencia del 20 de junio del 2017, se consideró lo siguiente:

> El juez administrativo solamente puede dilucidar si existe o no responsabilidad, pues carecería de competencia para restablecer el equilibrio de las cargas sociales de personas en circunstancias de debilidad manifiesta por daños causados por terceros, sin que estos puedan ser atribuidos al Estado. (Consejo de Estado, Sección Tercera, Exp. 18860, 2017)

Se puede afirmar enfáticamente que no es acertado considerar al principio de la solidaridad como fundamento único y/o como condición suficiente para la declaratoria de la RPE, pues ello implicaría desconocer la función compensatoria de la responsabilidad al no existir un juicio de causalidad. Teniendo en cuenta las anteriores precisiones, en la jurisprudencia de la Sección Tercera del Consejo de Estado Colombiano se aprecia que en múltiples ocasiones se ha utilizado el principio de solidaridad de manera implícita como fundamento para declarar la RPE y con el consecuente desconocimiento del análisis del elemento de causalidad.

Al respecto, podemos traer a colación la sentencia del 16 de agosto de 2018, en la cual se decidió el caso del atentado terrorista al Club el Nogal de la ciudad de Bogotá[12], perpetrado por un grupo

---

[12] Los hechos del caso se concretan así:
1. El 7 de febrero de 2003 explotó una carga explosiva en club del nogal de la ciudad de Bogotá, la cual generó desestabilización del edificio, derrumbe de las placas y un incendio masivo.
2. Luego de adelantar las correspondientes pesquisas se determinó que se trataba de una acción terrorista de un grupo armado ilegal.
3. El señor Jhon Fredy Arellan, quien se había hecho socio del club a raíz de una acción empresarial, ingresó el día de los hechos, en un vehículo automotor Renault Megane junto con la carga explosiva.
4. El ingreso lo efectúo en compañía del señor Oswaldo Arellan quien entró al parecer con un carnet falso en una camioneta Toyota Blanca.

subversivo el 7 de febrero de 2003, que ocasionó la muerte de 36 personas y más de 200 heridos.

Con motivo de dicho atentado, la Nación colombiana fue declarada responsable y se le ordenó responder por un daño que no le era imputable, en tanto no se presentó una causalidad por omisión en su actuación y el ataque terrorista no se dirigió en contra de un bien o funcionario estatal[13], acudiendo así entonces, de manera exclusiva al fundamento de la solidaridad. En efecto, en la decisión cuestionada, se señaló:

> En consecuencia, establecido el daño antijurídico, esto es, reconocido que las víctimas en este asunto no tendrían que haber soportado lo acontecido, aunado a que el Estado como garante y en aplicación de las normas constitucionales contenidas en los artículos 2, 90 y 93, debió no solo en razón del contexto, considerar de manera reforzada las medidas, herramientas e instrumentos para cumplir el deber de prevención y protección, además de aminorar los peligros de la población civil, aspecto que fue desatendido en razón de las frecuentes visitas y pernoctación en el establecimiento privado de los ministros del interior, junto con altos funcionarios públicos y la ministra de Defensa; no queda sino condenar al Estado, sin perjuicio del llamado a establecer la responsabilidad del Club, conforme al procedimiento dispuesto al respecto, al igual que de la organización subversiva. Llamado que, en todo caso, no compromete a las víctimas autorizadas por el ordenamiento para optar por el sujeto pasivo que llevará la carga solidaria. (Consejo de Estado, Sección Tercera, Exp. 37719, 2018)

---

5. El 23 de diciembre de 2002 El grupo armado ilegal emitió un comunicado en el que manifestaban su descontento contra el entonces Ministro del Interior y de Justicia, Fernando Londoño Hoyos, y manifestaban que el Gobierno estaba utilizando los clubes del norte de la capital para reunirse con las autodefensas.
6. Basado en reportes periodísticos, el apoderado en las demandas indica que el Estado colombiano no protegió a las personas que se encontraban en el club a Nogal, a pesar de que el atentado era un hecho previsible.
7. En los reportes periodísticos se indica que un informante había allegado datos sobre un atentado grande que se iba a realizar en Bogotá y había suministrado el nombre y teléfono de quien estaría involucrado en esta acción.
8. Se señala en las demandas que se utilizaron dichas instalaciones como sede institucional y que varios personajes de la vida nacional, como el Ministro del Interior y de Justicia, Fernando Londoño, permanecían en el lugar.

13. La Sala Plena de la Sección Tercera del Consejo de Estado, Exp. 18860, 2017, fijo las reglas de análisis en los casos en los que se discute la responsabilidad patrimonial del Estado por los atentados terroristas:

Actuación	Condiciones necesarias que se deben probar
Funcionamiento anormal – omisión: Falla en el servicio	**A. Evento de amenaza directa** **1.** La víctima contra quien se dirigió el ataque previamente había solicitado medidas de protección a las autoridades. **2.** Las autoridades no le brindaron la protección y/o las mismas no fueron suficientes. **3.** La prueba de la causalidad por omisión entre la falta de protección y el daño. **B. Evento de no amenaza directa** **1.** La víctima contra quien se dirigió el ataque previamente **NO** había solicitado medidas de protección a las autoridades. **2.** El hecho dañino (ataque terrorista) era previsible en razón de las especiales circunstancias fácticas que se vivían en el momento. **3.** Las autoridades al tener el conocimiento fenomenológico de la previsibilidad del hecho dañino, no realizaron las acciones necesarias para evitarlo. **4.** La prueba de la causalidad por omisión entre la falta de protección y el daño.
Funcionamiento normal – acción: Riesgo excepcional	**1.** En el lugar de los hechos el estado realizaba una acción normal y/o legal en cumplimiento de las funciones estatales, sea a través de la presencia de un bien y/o la presencia de un personaje representativo del estado. **2.** Existe un contexto de situación exacerbada de violencia como lo son los estados de tensión o disturbios internos, que convertiría en peligrosa la presencia de un bien y/o la presencia de un personaje representativo del estado **3.** El ataque este dirigido contra un un objetivo claramente identificado como Estado, tales como instalaciones oficiales como son estaciones de Policía, cuarteles del Ejército Nacional, centros de comunicaciones al servicio del Estado, oficinas estatales, redes de transporte de combustible o también contra personajes representativos del Estado.

Es de precisar que, en contra de la sentencia precitada se presentó una acción de tutela la cual fue decidida en sede de revisión por la Corte Constitucional Colombiana mediante la Sentencia SU 353 del 26 de agosto del 2020 y en la cual se dejó sin efectos la sentencia del 16 de agosto del 2018 y se dispuso que se profiriera una nueva decisión. Como argumentos se indicaron principalmente los siguientes:

> 7.16. En este orden de ideas, en la sentencia impugnada, la Subsección B, en lugar de materializar un análisis de responsabilidad, que "obedece claramente a un juicio de atribución de un daño realizado en sede judicial", aplicó el principio de solidaridad, que "obedece esencialmente, como fundamento central y autosuficiente, a situaciones contrarias a un orden social justo", y que si bien, al igual que el equilibrio frente a la distribución de las cargas públicas, fungen como fundamentos primordiales del criterio de imputación alusivo al daño especial, no lo remplazan como título de atribución jurídica, pues la solidaridad "puede ser un fundamento complementario —que no único— de la responsabilidad del Estado, pero siempre bajo la condición que los presupuestos de la responsabilidad, al margen que se trate de un régimen subjetivo u objetivo, se configuren, esto es, que el daño sea imputable al Estado, por haber obrado ilícita o lícitamente, y en este último caso rompiendo el equilibrio de los ciudadanos frente a las cargas públicas. (Corte Constitucional, SU-353, 2020)

El análisis extenso que se realizó de la sentencia del 16 de agosto del 2018[14] proferida por el Consejo de Estado, permite evidenciar la tesis expuesta al inicio del presente epígrafe, en el sentido de que la función reparadora ha tenido una intromisión del principio de solidaridad y por ello, se han realizado juicios de responsabilidad sin la presencia del elemento de la causalidad. Ello autoriza a concluir que, surge la necesidad de precisar el alcance de dicho elemento en el juicio de la RPE y denotar que la función reparadora debe derivar únicamente del estudio tanto fáctico como jurídico de todos

---

Funcionamiento normal – acción: daño especial	**1.** En el lugar de los hechos el estado realizaba una acción normal y/o legal no peligrosa en cumplimiento de las funciones estatales. **2.** La víctima sufrió un daño grave o anormal. **3.** La acción es condición necesaria de un daño grave o anormal.

Elaboración propia.

14 Consejo de Estado, Sección Tercera, Exp. 37719, 2018.

los elementos de la responsabilidad y que si bien, el principio de solidaridad puede servir como criterio orientador, no es un criterio suficiente para concluir si un daño es o no imputable al Estado.

1.3. FUNCIÓN PREVENTIVA DEL BUEN FUNCIONAMIENTO DE LA ACTUACIÓN ESTATAL: LA FUNCIÓN DEL JUEZ DE DAÑOS NO ES ÚNICAMENTE LA DE ORDENAR SU REPARACIÓN, SINO QUE VA MÁS ALLÁ, COMO LO ES LA DE LOGRAR QUE CON SUS DECISIONES SE LOGRE UN CAMBIO EN EL COMPORTAMIENTO DEL ESTADO

Mir Puigpelat (2012) sostiene que, "las normas de responsabilidad civil, además, de indemnizar, sirven y deben servir para prevenir la producción de daños" (p. 106). Lo anterior tiene mayor relevancia al tratarse de RPE, en el entendido de que la función que debe cumplir el Estado en relación con la causación de los daños no solo se debe limitar a su reparación, sino también a contribuir en evitar que las acciones u omisiones que generaron ciertos daños se repitan.

En ese contexto, la RPE al cumplir su principal función, cumple igualmente, su función de prevención y ello incide directamente en el buen funcionamiento de la actuación estatal. Al respecto, Martín Rebollo (1991) considera lo siguiente:

> La institución de la responsabilidad patrimonial de la administración ha sido siempre abordada desde la óptica de la garantía que representa para los ciudadanos, pero puede y debe ser contemplada, también, desde la perspectiva de la posición constitucional de los servicios públicos. Desde esta segunda perspectiva, la responsabilidad patrimonial de la administración aparece como un principio de orden, como un instrumento más de control del poder y del buen funcionamiento de los servicios públicos que sirve al principio constitucional de eficacia. La responsabilidad, así para este autor, es un instrumento idóneo para configurar, modelar y modular la actuación administrativa, que enseña a la administración como debe actuar y como no y ayuda en última instancia a evitar los daños derivados de la acción pública. (p. 2787 a 2792)

En esa línea de pensamiento, se puede precisar que la RPE no debe concentrar su análisis únicamente en la reparación de los daños de manera aislada y/o individual, sino que la función reparadora debe tener una visión más amplia, con el objeto de controlar el buen funcionamiento de la actuación estatal, es decir, las sentencias de responsabilidad deben invitar a ejecutar ese control necesario en el Estado para que no se vuelvan a incurrir en las conductas que se constituyeron en causas de los daños.

Lo anterior, lógicamente no puede ser una tarea unitaria del juez, sino que se debe completar con un estudio pragmático por parte del Estado y particularmente, la institución a quien se le dio la orden y así, brindar las instrucciones pertinentes para corregir las acciones u omisiones causantes de daños. La anterior función se concreta en las denominadas medidas de reparación no pecuniarias que la Sección Tercera del Consejo de Estado mediante las sentencias de unificación del 28 de agosto del 2014[15], precisó bajo el concepto de daño por afectación a bienes y derechos constitucional y convencionalmente protegidos.

En relación con dichos daños, la Sección Tercera del Consejo de Estado siguiendo los lineamientos de Convención Americana de Derechos Humanos[16] y lo establecido por la Ley 446 de 1998[17], ha propendido por imponer al Estado ordenes de no repetición para realizar un control de las causas generadoras de daños. Al respecto, podemos traer como referencia la sentencia del 14 de diciembre del 2016, en la cual se decidió en relación con los daños causados a un paciente derivados de un trato cruel e inhumano, lo siguiente:

> Considera la Sala que el trato que se le dio al señor Onofre de Jesús López Betancur el día de su fallecimiento en la clínica León XIII de la ESE Rafael Uribe Uribe fue cruel, inhumano y degradante. Por lo tanto, en los términos señalados en la sentencia de unificación proferida por la Sección, se ordena como medida de no repetición, el envío de sendas copias íntegras y auténticas de esta providencia al Ministerio de Salud y a la Superintendencia Nacional de Salud para que creen un link, en sus páginas web, con el fin de que se pueda acceder al contenido magnético de esta providencia, con acceso al

---

15 Sentencias Exp.26251,2014; Exp.32988, 2014; Exp.27709, 2014; Exp. 31172, 2014; Exp. 36149, 2014; Exp. 28804, 2014; Exp. 31170, 2014 y Exp. 28832, 2014.

16 Artículo 8.1 y 63.1

17 **Artículo 16.** *Valoración de daños.* Dentro de cualquier proceso que se surta ante la Administración de Justicia, la valoración de daños irrogados a las personas y a las cosas, atenderá los principios de reparación integral y equidad y observará los criterios técnicos actuariales.

público durante un período de 6 meses, que se contarán desde la fecha en que se realice la respectiva carga de la información en la página web de esas instituciones (...) Debe advertirse que la anterior orden deberá ser cumplida por el Ministerio de Salud y la Superintendencia Nacional de Salud, porque la ESE Rafael Uribe Uribe ya fue liquidada. Dicha orden tiene una finalidad exclusivamente pedagógica, a efectos de que situación como la descrita en la sentencia no se vuelva a repetir; por lo tanto, no implica un pronunciamiento de responsabilidad en contra de esas entidades, las cuales no fueron parte en el proceso. (Consejo de Estado, Sección Tercera, Exp. 37772, 2016)

De la anterior sentencia se aprecia se le ordenó la medida de no repetición a una entidad pública que no hizo parte dentro del proceso como demandado, y aunque si bien se aclara en la misma que ello no implica un pronunciamiento de responsabilidad, es válido afirmar que sí lo es, pues dicha orden hace parte de la tipología de los daños estipulados en las sentencias de unificación del 28 de agosto del 2014 previamente citadas y la misma se impuso dentro del marco de una condena de responsabilidad patrimonial del Estado. Dicha manera como se dio la orden es otro ejemplo de la incidencia del principio de solidaridad en el juicio de RPE, lo cual implica *per se* una violación al derecho fundamental del debido proceso y defensa

En sentencia del 27 de abril del 2016, en un caso en el cual se resolvió la responsabilidad patrimonial de la Policía Nacional por el presunto actuar ilegal de unos agentes de la institución, se indicó lo siguiente:

En el caso concreto, según se probó, fue una falla del servicio en el control y vigilancia de los hombres a cargo de la institución demandada, lo que permitió a los policías involucrados en los hechos realizar un retén ilegal, y posteriormente someter y ejecutar a la víctima directa, todo lo cual deviene en una grave violación de Derechos Humanos, lo cual afectó, de manera sustancial, la dimensión objetiva de tales derechos, razón por la cual en la parte resolutiva del fallo se dispondrá la adopción de las siguientes medidas:–Como medida de no repetición, se dispondrá que en el término de dos (2) meses contados a partir de la ejecutoria de esta sentencia, el Ministerio de Defensa Nacional deberá diseñar entre los Comandos de Policía del país un plan integral de inteligencia, tendiente a lograr un control estructural efectivo respecto de la incorporación, permanencia y funcionamiento u ejercicio de funciones de los policiales y prevenir con ello la comisión de delitos como los que dieron origen a la presente acción. (Consejo de Estado, Sección Tercera, Exp. 50231, 2016)

En un caso de privación injusta de la libertad derivado de un error en la individualización e identificación del responsable del delito, en sentencia del 15 de abril del 2015, se consideró apropiado impartir una medida de no repetición:

> Tanto la Fiscalía General de la Nación como la Dirección Ejecutiva de Administración Judicial establecerán un link en sus respectivas páginas web con un encabezado apropiado en el que se pueda acceder al contenido magnético de esta providencia. La entidad demandada, en el término de dos (2) meses contados a partir de la ejecutoria de este fallo, subirá a la red el archivo que contenga esta decisión y mantendrá el acceso al público del respectivo vínculo durante un período de 6 meses que se contarán desde la fecha en que se realice la respectiva carga de la información en la página web de esa institución, todo ello con miras a que sirva como garantía de no repetición, un medio de capacitación y prevención de este tipo de circunstancias. (Consejo de Estado, Sección Tercera, Exp. 39099, 2015)

Igualmente, es válido afirmar que en materia de protección de los derechos e intereses colectivos está implícita la función del buen funcionamiento de los servicios estatales, al estipular el artículo 2 de la Ley 472 de 1998 que, "las acciones populares se ejercen para evitar el daño contingente, hacer cesar el peligro, la amenaza, la vulneración o agravio sobre los derechos e intereses colectivos, o restituir las cosas a su estado anterior cuando fuere posible." Igualmente, el artículo 144 del CPACA siguiendo la anterior línea prevé que, "cualquier persona puede demandar la protección de los derechos e intereses colectivos para lo cual podrá pedir que se adopten las medidas necesarias con el fin de evitar el daño contingente, hacer cesar el peligro, la amenaza, la vulneración o agravio sobre los mismos, o restituir las cosas a su estado anterior cuando fuere posible."

La anterior regla invita al jurista a identificar cuál es la pretensión que se está solicitando su protección mediante el medio de control de protección de los derechos e intereses colectivos, y particularmente, si está pretendiendo (i) evitar el daño contingente, (ii) hacer cesar el peligro, la amenaza, la vulneración o agravio sobre los mismos o (iii) restituir las cosas a su estado anterior cuando fuera posible. Ello, en la medida de que el mismo artículo 34 de la Ley 472 de 1998, prevé que las órdenes que se pueden dar en la sentencia son de (i) hacer o no hacer, (ii) condenar al pago de perjuicios cuando se haya causado daño a un derecho o interés colectivo en favor de la entidad pública no culpable que los tenga a su cargo y (iii) exigir la realización de conductas necesarias para volver las cosas al estado anterior a la vulneración del derecho o del interés colectivo, cuando fuere físicamente posible.

Siguiendo la anterior línea de análisis, consideramos que las ordenes de hacer o no hacer relacionadas con las pretensiones de evitar el daño contingente y hacer cesar el peligro, la amenaza, la vulneración o agravio sobre los mismos, además de guiarse bajo la función de la reparación, se guían en gran medida por la función del buen funcionamiento de los servicios estatales y un ejemplo de ello, lo constituyen las órdenes que se imparten cuando se determina la estructuración del denominado daño ecológico puro que en palabras de Guzmán Jiménez y Olivares Torres (2023) se ha entendido en "aquel que se deriva de la afectación del derecho colectivo al medio ambiente, por ende, excluye la reparación de un patrimonio individual y se centra exclusivamente en la reparación al medio ambiente como bien jurídico colectivo" (p. 492).

En relación con lo anterior, podemos observar que en un caso por contaminación del recurso hídrico generada por la acción de terceros que realizaron extracción ilícita de minerales (oro y platino) durante 8 años, en sentencia del 18 de febrero del 2022[18], se dieron las siguientes ordenes:

> Publicar en prensa y en sus sitios web la parte resolutiva del fallo.
>
> Emprender, de manera conjunta, las acciones necesarias para implementar un plan de manejo ambiental para la recuperación y restablecimiento del equilibrio ambiental de las zonas circunvecinas del río Las Ánimas.
>
> Ejecutar un plan para descontaminar la cuenca del río Las Ánimas y sus afluentes, los territorios ribereños, recuperar sus ecosistemas y evitar daños adicionales al ambiente en la región. (Consejo de Estado, Sección Tercera, Exp. 27001233300020130015103, 2022)

---

[18] En el proceso quedó probado con la inspección judicial realizada el 13 de abril de 2016 que se generó un impacto ambiental causado por el ejercicio de la minería ilegal. Igualmente, de acuerdo con el Protocolo de Restauración Ecológica de Áreas Disturbadas Por Minería en el Chocó Biogeográfico en el municipio de Unión Panamericana, se identificaron que las áreas degradadas por la actividad minera son 7.430 hectáreas, y se caracteriza por la existencia de la minería artesanal tipo hoyadero, donde las fuentes hídricas afectadas por esta actividad minera son las quebradas Las Ánimas, Raspaduritas, San Pablito, La Colorada, La Honda y Río Chato. Los impactos ambientales físicos que se identificaron fueron la afectación de las coberturas boscosas, la pérdida de la capa orgánica del suelo y posible afectación de las zonas freáticas, en los sistemas lénticos y lóticos se alcanzó a evidenciar turbiedad por acumulación de sedimentos debido al movimiento de tierra que se realiza durante la extracción por el uso indiscriminado y sin control de la maquinaria y los cambios en la morfología de los cauces.

Aunque la anterior orden tiene sus reparos debido a la amplitud de la misma y a la no concreción de las obligaciones particulares de cada demandado, es importante resaltar la intención del juzgador en que se tomen medidas tendientes a que hechos como el que originó el litigio no se vuelvan a presentar, y ello constituye la base de la función del buen funcionamiento de los servicios estatales.

En otro caso por afectación al recurso hídrico en un aeropuerto internacional, en sentencia del 18 de febrero del 2021[19], se dieron las siguientes órdenes:

- Elaborar un completo y detallado estudio sobre el funcionamiento de la PTAR del Aeropuerto El Edén para efectos de establecer si las condiciones en que se encuentra en la actualidad, considerando el incremento del flujo de personas por la clasificación dada como aeropuerto internacional, permiten reducir carga a las aguas residuales domésticas y aguas residuales no domésticas o, si por el contrario, es necesaria la ampliación o construcción completa de una nueva PTAR.
- Tramitar y obtener permiso de vertimientos ante la CORPORACIÓN AUTÓNOMA REGIONAL DEL QUINDÍO, en cumplimiento de lo establecido en el Decreto 1076 de 2015, así como los demás permisos ambientales a que haya lugar.
- Elaborar un programa de monitoreo de las corrientes, tramos o cuerpos de agua receptoras de los vertimientos, en la forma establecida en las disposiciones técnicas.
- Realizar un completo y detallado diagnóstico del problema de vertimientos de aguas residuales sin tratamiento en la quebrada El Cántaro, utilizando para ello la Guía Nacional de Modelación del Recurso Hídrico para Aguas Superficiales Continentales, adoptado por el Ministerio de Ambiente y De-

---

19 En el Aeropuerto Internacional "El Edén" de Armenia, desde el año 2008 operaba una planta de tratamiento de aguas residuales -PTAR- sin permiso de vertimientos por parte de la Corporación y no cuentaban con un plan de contingencias para el manejo de hidrocarburos. Se indicó en la sentencia que la PTAR no funciona y cuando lo hace es defectuosa, lo que ha ocasionado el vertimiento de aguas residuales sobre fuentes hídricas sin ningún tipo de tratamiento, razón por la que se ha convertido en un foco constante de contaminación y de vectores.

> sarrollo Sostenible. Dicho diagnóstico contendrá las conclusiones y acciones a ejecutar a corto, medio y largo plazo y los recursos con que se financiarán. (Consejo de Estado, Sección Primera, Exp. 63001233300020180017101, 2021)

Las anteriores órdenes están enfocadas a que la entidad adecúe su actuación para que no se sigan realizando los vertimientos sin el cumplimiento de los parámetros técnicos y legales; no solo es una orden enfocada en la compensación o actuaciones para solventar los hechos que dieron origen al caso, sino que se ordenó la estructuración de un plan a ejecutar a corto, medio y largo plazo.

Como se puede apreciar de los casos referenciados, la función del juez de daños no es únicamente la de ordenar su reparación, sino que va más allá, como lo es la de lograr que con sus decisiones se logre un cambio en el comportamiento del Estado. Un claro ejemplo pragmático de la incidencia de la función reparadora de la responsabilidad en la función del buen funcionamiento de la actuación estatal, lo constituye la estructuración de la función de la prevención del daño antijurídico.

En Colombia, dicha función la lidera la Agencia Nacional de Defensa Jurídica del EC (Estado, Agencia Nacional de Defensa Jurídica del Estado, s.f.) la cual se elevó a regla de obligatorio cumplimiento para las entidades del orden Nacional mediante la Circular Externa No. 5 del 27 de septiembre del 2019, en la que se estipulo que las entidades debían formular su política de prevención del daño antijurídico atendiendo principalmente a, las principales causas de demandas, las solicitudes de conciliación extrajudicial que se han presentado, los derechos de petición con los que se pueda anticipar futuras demandas, el mapa de riesgos de la entidad, entre otros.

De ahí, la importancia de precisar el alcance del análisis de la causalidad en la actuación del Estado, pues ello permitiría tener una mayor comprensión al momento de analizar un caso y con ello, las autoridades podrían realizar un mejor juicio de su actuación con el objeto de prevenir los daños y en caso de ocasionarse, entrar a repararlos.

Capítulo segundo

La estructura válida de análisis de los elementos de la responsabilidad patrimonial contribuye a disminuir la tendencia de convertir al Estado en un asegurador universal

2.1. PLANTEAMIENTO

En el anterior capítulo se justificó la premisa que la RPE tiene por lo menos dos funciones que están íntimamente vinculadas, la de reparación y la del buen funcionamiento de las actuaciones del Estado, que la diferencian de la responsabilidad administrativa fundada en el principio de la solidaridad. Dicha premisa nos permite precisar que dependiendo de la concepción que se tenga de las funciones dependerá el análisis de la estructura de los elementos de la RPE y es por ello, que relación con la misma, sea lo primero indicar que "la responsabilidad patrimonial de la administración es una institución básica de cualquier Estado de Derecho y un principio estructural del ordenamiento jurídico" (Moreu Carbonell, 2019, p. 836).

Es así que, mediante la RPE se realiza un control de las actuaciones tanto del Estado como de los particulares que puedan ocasionar daños; o, en otros términos, sin la institución de la responsabilidad no existirían las más mínimas garantías para el ejercicio de cualquier derecho. De ahí que, dicha institución debe ser analizada, estructurada y aplicada con total rigurosidad, pues lo contrario conlleva a decisiones y/o análisis pragmáticos que en nada serían un auténtico juicio de responsabilidad, lo que atentaría *per se* contra esas garantías mínimas.

En el ordenamiento jurídico colombiano dicho pilar está recogido en el artículo 90 de la Constitución Política de 1991 al estipular lo siguiente:

> El Estado responderá patrimonialmente por los daños antijurídicos que le sean imputables, causados por acción u omisión de las autoridades públicas.

La anterior regla se desarrolla a su vez en el artículo 140 del CPACA, así:

> En los términos del artículo 90 de la Constitución Política, la persona interesada podrá demandar directamente la reparación del daño antijurídico producido por la acción u omisión de los agentes del Estado. De conformidad con el inciso anterior, el Estado responderá, entre otras, cuando la causa del daño sea un hecho, una omisión, una operación administrativa o la ocupación temporal o permanente de inmueble por causa de trabajos públicos o por cualquier otra causa imputable a una entidad pública o a un particular que haya obrado siguiendo una expresa instrucción de la misma.

Se puede apreciar entonces, que los artículos precitados consagran la regla aplicable a los casos de la RPE, estipulando como requisitos necesarios un daño antijurídico, la imputación y la causalidad sea por acción u por omisión y por otro lado, el artículo constitucional no nos está haciendo referencia a la responsabilidad administrativa, sino a la responsabilidad patrimonial.

Dichos elementos son los que los juristas deben analizar pragmáticamente, en el entendido de que no todos los casos son similares y/o se pueden resolver de la misma manera; todo lo contrario, los casos de responsabilidad patrimonial tienen su particularidad tanto fáctica como deóntica y ello, es lo que hace especial el derecho de daños, no existen reglas para resolución de casos de manera semiautomática, solo bases bien fundamentadas las cuales entendidas lograrían una perfecta aplicación del derecho de daños al caso.

Por lo tanto, "la responsabilidad puede definirse como la obligación de reparar el daño causado a una persona, que corresponde a otra persona a quien dicho daño resulta imputable por existir fundamento jurídico para ello" (M'causland Sánchez, 2019, p. 338). Al entenderse la responsabilidad como una obligación, es claro que la misma surge por la presencia no tanto de un daño, sino de una causa que estructure ese vínculo tanto fáctico como jurídico entre el sujeto activo (víctima) y el sujeto pasivo (a quien se le imputa) y por ello se puede afirmar que los 3 elementos conviven de manera independiente pero coordinada en el mundo de la responsabilidad patrimonial; es decir, son condiciones necesarias, pero no suficientes. En palabras de Bárcena Zubieta (2014):

> Un aspecto muy relevante en los procesos de aplicación del derecho es la distinción entre cuestiones fácticas y cuestiones normativas... desde el punto de vista analítico la distinción es útil porque el tipo de argumentos que se emplean en cada uno de esos ámbitos es en términos generales de naturaleza distinta. La dicotomía norma/hecho está presente en la propia estructura del razonamiento judicial que se utiliza para resolver casos concretos. (p. 183)

Dicho aspecto relevante es el que ha estado presente en la RPE, con la dicotomía causalidad/imputación, pues dicha distinción acarrea decisiones diversas en el sentido de que dependiendo de la selección exclusiva de uno u otro como criterio suficiente para la atribución de responsabilidad, varía el juicio. Por ello, consideramos que en dicho análisis es un error considerar que el juicio normativo o prescriptivo subsume al juicio fáctico o descriptivo, pues se reitera que son dos elementos necesarios dentro de un conjunto de condiciones suficientes.

Gil Botero y Rincón Córdoba (2016) precisan en relación con la anterior línea de análisis que:

> [...] resulta claro que no se exige al ciudadano lesionado con el comportamiento del Estado la identificación del agente que generó el hecho, la operación o la omisión, ni del dependiente que profirió el acto administrativo o el contrato con infracción de las normas superiores que debían servirle de sustento. En nuestro ordenamiento jurídico se exige del administrado que identifique la persona jurídico-pública a la que se confió la competencia o la prestación del servicio o actividad, pues es ella quien debe responder, con independencia de la posibilidad de repetición de esta en contra del servidor público que generó la condena. (p. 45)

El anterior pensamiento refleja la idea que, en la RPE lo necesario es identificar la función estatal y/o actuación estatal que se constituya en causa del daño, por lo que la causalidad se debe analizar no en relación con la actuación que desarrolló el funcionario como premisa general, sino en relación con la prestación de la función estatal como una premisa particular. Es decir, se debe empezar a hablar de la causalidad de la actuación estatal al no requerirse la identificación plena del funcionario que desde la relación de causalidad realizó la actuación de reproche[1] sino que el estudio de la cau-

---

1 Pues no nos encontramos en un escenario de responsabilidad civil.

salidad debe estar guiada por el funcionamiento del servicio mismo. Es decir, debemos responder si la actuación estatal fue la causante o no para proceder con la imputación. Moreu Carbonell (2019) se pregunta[2]:

> ¿Qué elementos definen nuestro sistema de responsabilidad? Podemos afirmar, en primer lugar, que es unitario porque rige para todas las administraciones públicas y general porque se aplica a cualquier tipo de actividad administrativa, según un concepto amplísimo de servicio público, incluso cuando la administración actúa a través de una entidad de derecho privado y en relaciones privadas (art. 35 LRJSP). Se trata, además, de una responsabilidad directa porque cubre los daños causados por sus autoridades y empleadores públicos, de modo que el ciudadano afectado no tiene que identificar un sujeto responsable: responde la administración, sin perjuicio de la acción de regreso contra el empleado público. Por último, la responsabilidad patrimonial es objetiva y la indemnización debe conseguir la reparación integral de la víctima. (p. 837)

De lo previamente descrito, podemos afirmar que la responsabilidad patrimonial de las administraciones públicas (en España) o del Estado (en Colombia), comparten la particularidad de que la víctima de un hecho dañino no tiene la obligación de identificar necesariamente el autor material de la actuación que tiene relación de causalidad con el hecho dañino para poder imputar, sino que se debe identificar es la autoridad a la que se le realiza el reproche obligacional que tiene una relación de explicación causal con dicha actuación con el objeto de imputar; es decir, la actuación estatal que desde el reproche sea obligacional o no, es la causa del daño.

Se reitera, es un elemento necesario identificar la actuación del Estado causante y es allí en donde se presentan dificultades en la práctica, pues resulta difícil en algunos casos concluir cuál es la causante del daño y por ello, resulta necesario precisar la relación entre la actuación estatal y la causalidad.

---

2 Al referirse a la responsabilidad patrimonial de las administraciones públicas en España.

2.2. LOS ELEMENTOS DE LA RESPONSABILIDAD PATRIMONIAL DEL ESTADO SON EL DAÑO ANTIJURÍDICO, LA CAUSALIDAD Y LA IMPUTACIÓN

En los términos del artículo 90 de la Constitución Política Colombiana, los elementos de necesario análisis se concretan en el daño antijurídico, la causalidad y la imputación. No obstante, en la práctica no resulta tan clara dicha clasificación, por lo que conviene realizar algunas reflexiones del por qué resulta importante precisar qué elementos se deben abordar en un juicio de responsabilidad por parte del juez y en qué orden lógico, pues la línea de análisis puede ser muy delgada[3] por cuanto dependiendo de la estipulación teórica con la que cuente el juez el resultado puede ser uno u otro, y ello, atenta directamente contra las funciones de reparación y prevención implícitas en la responsabilidad patrimonial. En relación con lo anterior, Mir Puigpelat (2012) considera que:

> [...] el juez, en efecto, ante requisitos tan indefinidos, ante límites casi inexistentes, goza de un amplísimo margen interpretativo y la responsabilidad de la administración queda en sus manos, lo que resulta inadmisible, representa en primer lugar una subversión del principio democrático, amenaza gravemente en segundo lugar la consecución de la necesaria seguridad jurídica, la seguridad jurídica garantizada por la propia constitución desaparece rápidamente cuando las normas escritas son muy genéricas y el juez dispone de un gran margen interpretativo... ¿Qué hacer para evitar dichos peligros, para no subvertir el principio democrático y proteger los principios de seguridad jurídica e igualdad? Debe efectuar una regulación completa de la responsabilidad administrativa, lo suficientemente detallada y precisa, que impide que sea el juez quien, con toda libertad la configure. (p. 259)

El anterior pensamiento de una regulación precisa y detallada por la inexistencia de límites interpretativos, en principio parecería exagerada pues sería limitar la labor del juez, no obstante, al analizarse en conjunción con la práctica judicial encontramos que tiene total validez. Es decir, en nuestra opinión la limitación de la que se indica no es absoluta o pragmática, sino que es una limitación conceptual, pues si existe claridad no tanto de los elementos de la responsabilidad que todo juez debe analizar, sino de la estructura del análisis lógico, consideramos que la solución de los casos podría ser más uniforme y

---

[3] Tal y como se verá en la tercera parte de este trabajo.

otorgaría una seguridad jurídica mayor en la resolución de los casos en el sentido de que se agudizaría más el juicio de responsabilidad y los distintos conceptos que se pudieran tener de los elementos de la responsabilidad, no tendrían tanto impacto en dicha resolución si las mismas obedecen a una estructura uniforme de análisis.

Bajo esa tesitura, conviene traer a colación lo precisado por García Amado (2015):

> [...] en cuanto a la responsabilidad patrimonial de la Administración, es indiscutible el riesgo que, entre otros, señalaron Pantaleón y Mir Puigpelat, el de convertir a la Administración Pública en una especie de aseguradora universal... Había que echar el freno y se buscó para ello un pretexto doctrinal. ¿Cuál? La noción de nexo causal. Cada vez que se quiere restringir la imputación de responsabilidad a un sujeto se va a alegar que hubo una ruptura del nexo causal. Y, por las mismas, cuando interesa hacer que alguien responda y aunque su acción esté muy lejos o simplemente no esté en la cadena causal que acaba en el daño, se dice que hay nexo causal no roto. Así es como la causalidad se convierte en el gozne de todo el sistema, en el eje de las decisiones jurisprudenciales en la materia.
>
> [...] pero con un enorme problema teórico y conceptual: se trata de una noción puramente ficticia de causalidad, de una idea de causalidad totalmente arbitraria y carente de apoyo en doctrina congruente, un concepto ad hoc meramente instrumental, una simple cláusula retórica que vale lo mismo para justificar una decisión y su contraria, a gusto del consumidor. Además, toda la caótica elaboración jurisprudencial de la causalidad carece por completo de apoyo legal, pues el legislador calla, los jueces hacen y el sistema del Derecho de daños se desintegra en casuismo y absoluta falta de sistematicidad.

De ello resulta necesario admitir que se requiere una estructura de análisis precisa en relación con los elementos de la RPE, con el objeto de evitar un exceso de atribuciones del juez al momento de resolver los casos, pues ello puede llevar a convertir al Estado en un asegurador universal, desdibujando así, la función de reparación que esta intrínseca en esta institución. Igualmente, se resalta que el elemento que puede evitar lo anterior lo constituye la causalidad. No entendida desde un plano eminentemente teórico, sino desde la conjunción con la pragmática jurídica.

Es así que, la causalidad se estructura en el freno que se requiere ante la amplitud de interpretación que se puede dar en la resolución de los casos de RPE, y solo se cumplirían si la causalidad como elemento necesario de análisis tiene una buena base de estructuración, pues de lo contrario, se harían juicios ficticios de causalidad o se confundiría la causalidad jurídica con la imputación.

2.3. LA ESTRUCTURA LÓGICA DE ANÁLISIS EN EL JUICIO PRAGMÁTICO DE LA RESPONSABILIDAD PATRIMONIAL

Como se indicó previamente, el artículo 90 de la Constitución Política de Colombia estipula en principio 3 elementos de análisis en el juicio de RPE: El daño antijurídico, la causalidad y la imputación, lo que pareciera fundamentar que el análisis se debe dar en el mismo orden y/o como si taxativamente se hubiera previsto así. No obstante, en nuestra opinión el citado artículo no estipula un orden de análisis, sino la lógica y base del sistema de daños.

Es así como, es dable preguntarnos, si la estructura lógica que se debe dar en un juicio de responsabilidad es analizar primero el daño antijurídico, luego la causalidad y con posterioridad la imputación. En nuestra opinión no, dicho análisis debe tener un centro de gravedad que es un elemento no muy mencionado, pero sí muy importante como lo es el hecho dañino.

El hecho dañino debemos entenderlo como la alteración del estado de cosas a partir del cual se estructura la certeza del daño y es el punto central de todo el análisis de dos relaciones de causalidad a saber. En primer lugar, resulta válido analizar qué actuaciones[4] tienen una relación extensional de causalidad con dicho hecho dañino y en segundo lugar, debemos analizar qué relación extensional de causalidad tiene dicho hecho dañino con el daño reclamado, y por ende, se requiere identificar qué personas se constituyen en víctimas y qué daños se les ocasionaron. Una vez identificado lo anterior, sí conviene preguntarse cuál es el reproche obligacional que se le realiza al demandado, el que se analizaría en el plano jurídico de la causalidad bajo lo que se estipulará como la relación de explicación causal.

Para fundamentar lo anterior, es dable traer un ejemplo pragmático de un juicio de responsabilidad patrimonial extracontractual. Uno de los atentados terroristas más atroces que se han presentado en el Estado Colombiano ocurrió en el municipio de Bojayá del

---

4 Debemos analizar actuaciones como condiciones que pueden ser del Estado, de un ciudadano que se constituya en tercero, de la propia víctima o sin intervención del ser humano que serían los hechos de la naturaleza.

Departamento del Chocó[5], en el que fallecieron 119 personas y 98 quedaron heridas. El Tribunal Administrativo del Choco al resolver el caso mediante la sentencia del 31 de octubre del 2016 realizó la siguiente línea argumentativa:

Por lo que hace a la imputabilidad, para que proceda la responsabilidad en cuestión, no basta solamente con la mera relación de causalidad entre el daño y la acción de una autoridad pública, sino que es necesario, además, que pueda atribuirse al órgano o al Estado el deber jurídico de indemnizarlo; o sea, a más de la atribuibilidad fáctica, se requiere una atribuibilidad jurídica v por supuesto, la determinación de las condiciones necesarias para el efecto, quedaron en manos de la ley y la jurisprudencia.

---

5 Los hechos incluidos en la sentencia del proceso No. 270013331706200 40040901, del Tribunal Administrativo del Chocó son los siguientes:
"El primero de mayo del 2002 aproximadamente a las seis de la mañana, se iniciaron combates concertados entre criminales paramilitares v guerrilleros para dirimir a sangre v fuego el predominio en la zona rural del medio Atrato, circunvecindad de Vigía del Fuerte (Antioquia), contienda sanguinaria que llegó posteriormente a Bellavista, cabecera municipal de Bojayá (Chocó).
Los enfrentamientos cesaron un poco el primero de mayo en la noche y se reiniciaron el 2 de mayo en horas de la mañana. Las Farc, mantenían su posición en el Barrio Pueblo Nuevo de Bellavista, en la periferia norte del casco urbano; por su parte los mal llamados paramilitares continuaban ubicados alrededor del área central de Bellavista, protegiéndose, particularmente en el anillo de cemento situado frente a la iglesia, la casa cural y la casa de las misioneras, en medio de la población civil ajena a los delincuentes, otro grupo paramilitar se encontraba en el patio que separa el colegio, la escuela y la iglesia.
Como quiera que en la cabecera municipal de Bojayá (Bellavista), no existen construcciones de concreto, la mayoría de los habitantes se refugiaron en la capilla, lugar que estaba construido con material de concreto, v prácticamente el único que ofrecía un poco de seguridad ante los ires y venires (sic) de las balas v las pipetas que procedían de ambos bandos delincuenciales.
Siendo aproximadamente las 10:45 horas de la mañana del fatídico 2 de mayo, estalló una pipeta que impactó en el altar de la iglesia, lugar donde se encontraban aproximadamente unas trescientas personas. La explosión causó alrededor de 119 personas muertas y 98 heridos, entre ellos un alto número de menores de edad (las cifras reales nunca fueron esclarecidas por las autoridades de la República)".

La responsabilidad del Estado, en la perspectiva procesal de un asunto en concreto requiere de acreditación de los siguientes requisitos: a) Que se cause un daño; b) Que ese daño sea imputable, por acción u omisión, a una autoridad pública; y que ese daño, en consecuencia, sea antijurídico.

En ese derrotero conceptual, se fijó la responsabilidad de las autoridades en los casos de infracción a la Constitución[123] y a las leyes y por omisión o extralimitación en el ejercicio de sus funciones; de esta manera nos volvemos a topar con el citado Artículo 90 en el que se definen los parámetros de responsabilidad estatal del daño antijurídico resarcible. (Tribunal Administrativo del Choco, Exp. 27001333170620040040901, 2016)

Se precisa que los anteriores argumentos fueron los únicos que se desarrollaron en la citada sentencia y luego de indicarlos se realizó una descripción de las pruebas para con posterioridad emitir el fallo. Es decir, no se realizó una fundamentación válida en relación con cada uno de los elementos de la responsabilidad patrimonial del Estado, pues solo se limitó a traer referencias legales y jurisprudenciales, pero nunca se aterrizó al caso concreto el análisis. Independientemente de ello, al apreciarse el panorama de actuaciones que se describen en la sentencia encontramos que en relación con el hecho dañino existieron múltiples que de una u otra manera pudieron incidir en su constatación, como la acción o acto positivo de dos grupos subversivos y en relación con el juicio de reproche obligacional se apreciaría una omisión del Estado en el deber de protección y seguridad.

El anterior análisis de un caso de responsabilidad patrimonial es un ejemplo de múltiples que se pueden encontrar en la práctica y de ahí que deba arribarse a la conclusión de que, conviene desarrollar de manera teórica y pragmática el concepto de causalidad, y así, en la tercera parte, estipular el análisis de la causalidad en la RPE, que permitirá darle un desarrollo más pragmático, que teórico a la resolución de los juicios de responsabilidad y con ello se pueda llegar a una imputación más sólida. No obstante, se considera importante realizar algunas precisiones en relación con lo que se entiende por daño antijurídico, pues el análisis de la causalidad no puede estar alejada de dicho elemento porque en sentido estricto, el resultado de la causalidad responderá la pregunta básica de todo juicio y es qué causó el daño antijurídico.

2.4. EL DAÑO ANTIJURÍDICO

2.4.1. Concepto

Resulta importante precisar lo siguiente: en el juicio de responsabilidad patrimonial confluyen dos elementos de análisis, el daño y el daño antijurídico. Cada uno tiene un análisis distinto, pues el primero está ligado a una apreciación fáctica de la afectación a un derecho particular; por su parte, el daño antijurídico, está ligado a un estudio no solo fáctico sino jurídico, pues constituye en últimas, el centro del deber de reparar. En otros términos, el daño hace parte del concepto de daño antijurídico como se verá. De ahí que, el daño se refiere a la afectación cierta a un derecho. Al respecto, Henao Pérez (1998) afirma:

> El daño es, entonces, el primer elemento de la responsabilidad, y de no estar presente se torna inoficioso el estudio de la misma, por más que exista una falla del servicio. La razón de ser de esta lógica es simple: si una persona no ha sido dañada no tiene por qué ser favorecida con una condena que no corresponderá sino que iría a enriquecerla sin justa causa. El daño es la causa de la reparación y la reparación es la finalidad última de la responsabilidad civil. Estudiarlo en primer término es dar prevalencia a lo esencial en la figura de la responsabilidad. (p. 36)

En cuanto a los elementos, el propio Consejo de Estado se ha esforzado por identificar los elementos que caracterizan el daño para que se pueda considerar como resarcible en un juicio de responsabilidad. Al respecto se ha señalado:

> El daño, a efectos de que sea indemnizable, requiere que esté cabalmente estructurado, por tal motivo, se torna imprescindible que se acrediten los siguientes aspectos relacionados con la lesión o detrimento cuya reparación se reclama: i) debe ser antijurídico, esto es, que la persona no tenga el deber jurídico de soportarlo; ii) que se lesione un derecho, bien, o interés protegido legalmente por el ordenamiento; iii) que sea cierto, es decir, que se pueda apreciar material y jurídicamente; por ende, no puede limitarse a una mera conjetura // la antijuridicidad del daño es un requisito sine qua non de la responsabilidad del Estado, y además, el primer elemento en el análisis que debe hacer el juez contencioso para tal efecto. (Consejo de Estado, Exp. 21536, 2012)

Sin embargo, en materia de RPE, la prueba del daño desde el punto de vista fenomenológico no es suficiente, sino que el mismo debe ser antijurídico en los términos del artículo 90 de la Constitución Política Colombiana. Se denota así, la importancia para imputar un daño al Estado, que el mismo sea antijurídico y que se constate el elemento de causalidad. García de Enterría y Fernández (2013) precisan lo siguiente:

> [...] el concepto de lesión se convierte de este modo en el auténtico centro de gravedad del sistema.
>
> La primera precisión que hay que formular al respecto es que el concepto jurídico de lesión difiere sustancialmente del concepto vulgar de perjuicio. En un sentido puramente económico o material se entiende por perjuicio un detrimento o pérdida patrimonial cualquiera. La lesión a la que se refiere la cláusula constitucional y legal es otra cosa, sin embargo, para que exista lesión en sentido propio no basta que exista un perjuicio material, una pérdida patrimonial; es absolutamente necesario que ese perjuicio patrimonial sea antijurídico, la antijuricidad en la que está el fundamento, como ya anotamos, del surgimiento de la obligación reparadora... la antijuricidad susceptible de convertir el simple perjuicio material en una lesión propiamente dicha no deriva, sin embargo, del hecho de que la conducta del autor sea contraria a Derecho; no es, en consecuencia, una antijuricidad subjetiva. Un perjuicio se hace antijurídico y se convierte en lesión resarcible siempre que y solo cuando la persona que lo sufre no tiene el deber jurídico de soportarlo; la antijuricidad del perjuicio es, pues, una antijuricidad referida al perjudicado. (p. 391)

Por su parte, Morell Ocaña (1999) sostiene que:

> La noción de lesión indemnizable se nutre de dos elementos: daño y antijuricidad del mismo. Es, por ello, un perjuicio que el particular sufre en cualesquiera de sus bienes y derechos. Pero, además, un daño que el perjudicado no tenga el deber jurídico de soportar de acuerdo con la ley. La administración causa a los particulares diversos daños, en su actuación. Ahora bien, para producirlos puede contar con un título jurídico que, en cada caso, justifique su producción. La responsabilidad surge, de un modo estrictamente objetivo, cuando la Administración carezca de título o causa de justificación. (p. 417)

Con las anteriores precisiones básicas para el entendimiento del concepto de daño antijurídico, se resaltan dos temas. En primera medida, la diferencia entre el daño en sentido fenomenológico y el daño antijurídico; pues es claro que el daño tiene que ver con la afectación o lesión a un derecho lícito, por lo que se deba constatar qué lo produjo y una vez constatado ello, se procede con el análisis de la antijuricidad del mismo, que no es otro que determinar si existe un título válido que justifique su producción, en el entendido que no todo daño se estructura en antijurídico, existen daños jurídicos.

En segunda medida, el análisis de antijuricidad del daño o de la lesión no es subjetivo y/o está ligado a la persona que lo produjo, sino que es un juicio que se debe realizar en relación con la víctima en toda su dimensión, en la medida que independientemente de si la causa que lo produjo está ligada o no a la actuación estatal, o si la actuación estatal se desarrolló normal o anormalmente, la soportabilidad del daño obedece a la existencia de un título válido que lo justifique y ello, es lo que se debe analizar.

La anterior precisión es importante, en sentido de que pueden presentarse múltiples situaciones en relación con el análisis de la antijuricidad del daño: (i) funcionamiento anormal o normal del Estado que no son los causantes de daños antijurídicos, sino que son meras relaciones de eventos y/o condiciones, (ii) funcionamiento anormal o normal del Estado que son los causantes de daños pero estos no se tornan en antijurídicos y (iii) funcionamiento anormal o normal del Estado que sí se estructuran en causas del daño antijurídico. Este último escenario es el que tendría todos los elementos para que dicho daño resulte imputable al Estado, tal y como se irá desarrollando.

Ahumada Ramos (2009) en esa línea sostiene en relación con la jurisprudencia del Tribunal Supremo Español lo siguiente:

> [...] ha consistido en considerar el concepto de lesión indemnizable como cualquier daño o perjuicio que el particular no está obligado a soportar porque no exista un título justificativo que expresamente así lo establezca: una ley, un contrato... y considerar la relación de causalidad entre el daño o perjuicio y el funcionamiento de un servicio público como una realidad a resolver desde una perspectiva puramente fáctica, esto es, desde el plano de los hechos. (p. 81)

Lo anterior se comparte, pues en la práctica se tiende a confundir la antijuricidad del daño con la causalidad, como si esta última se subsumiera en la primera, en el entendido de que si se encuentra estructurado en el caso particular el daño antijurídico en algunas ocasiones se omite el estudio causal y se procede a realizar la imputación al Estado, sin que exista el más mínimo análisis descriptivo de las condiciones y posteriores causas que están relacionadas con el daño antijurídico.

Otro aspecto importante para precisar es si la estructuración del daño antijurídico es una condición suficiente para concluir la existencia de una falla en el servicio y/o un funcionamiento anormal del servicio en sede de imputación. Sobre el particular, Garcia de Enterria y Fernández (1995) precisan lo siguiente:

> Quedan de este modo incluidos en la fórmula legal no solo los daños ilegítimos que son consecuencia de una actividad culpable de la Administración o de sus agentes, supuesto comprendido en la expresión "funcionamiento anormal de los servicios públicos", sino también los daños producidos por una actividad perfectamente lícita, como indica claramente la referencia explícita que el legislador hace a los casos de "funcionamiento normal" (o "funcionamiento de los servicios públicos", simplemente, en el artículo 106.1 de la Constitución)
>
> [...] Al construir la institución de la responsabilidad de la Administración al margen de toda idea de ilicitud o culpa, el fundamento de aquella se desplaza desde la perspectiva tradicional de la acción del sujeto responsable a la del patrimonio de la persona lesionada. La responsabilidad pasa a reposar de este modo sobre un principio abstracto de garantía de los patrimonios, dejando de ser una sanción personal por un comportamiento inadecuado para convertirse en un mecanismo de reparación que se pone en funcionamiento solo si, y en la medida en que, se ha producido una lesión patrimonial. (p. 357)

Con lo anterior, se denota la idea de que a pesar de que el daño antijurídico es el objetivo de la RPE, no se puede constituir en una condición suficiente para la imputación del mismo al Estado, pues se reitera, el daño antijurídico será imputable al Estado siempre y cuando exista una actuación del mismo que se constituya en causa del daño.

Siguiendo esa línea de pensamiento, se puede precisar hasta el momento algunos aspectos importantes. El daño antijurídico por definición es aquel que la persona no está jurídicamente a soportar, no obstante, surgen varias dudas con relación a si se toma en un sentido general o amplio, pues se diría que nadie está obligado a soportar un daño y en esos términos todos los daños resultarían en antijurídicos. No obstante, el daño antijurídico que nos interesa en últimas en el juicio de responsabilidad patrimonial está ligado a una estipulación fáctica y jurídica, pues se requiere la conjunción de tres elementos, (i) que la víctima sea titular de un derecho lícito tutelado, (ii) que exista una lesión negativa de sus derechos y (iii) que no exista título jurídico válido para la lesión negativa de sus derechos.

2.4.2. El daño antijurídico en la jurisprudencia de la Corte Constitucional de Colombia

Una vez realizadas las anteriores precisiones, pasaremos a analizar lo estipulado por la Corte Constitucional Colombiana en relación con el concepto del daño antijurídico. Al respecto, en la Sentencia

C-333 de 1996[6], indicó que es un concepto jurídico indeterminado cuyos alcances pueden ser definidos por el legislador y que su carácter distintivo respecto de otros escenarios de responsabilidad es el que no se esté en el deber jurídico de soportarlo:

> El daño antijurídico no tiene una definición constitucional expresa, por lo cual es un concepto constitucional parcialmente indeterminado, cuyos alcances pueden ser desarrollados, dentro de ciertos límites, por el Legislador. (Corte Constitucional, C-333, 1996)

Es así que, el daño es un elemento autónomo y su antijuridicidad no depende de la noción de falla del servicio[7], sino que cualquiera que sea la conducta de la administración se debe establecer si la víctima estaba en el deber jurídico o no de soportarlo, en Sentencia C-430 de 2000, la Corte Constitucional señaló:

> 3.1. El art. 90 de la Constitución consagra el principio de la responsabilidad patrimonial del Estado por los daños antijurídicos que le sean imputables. En tal virtud, en la responsabilidad del Estado el daño no es solo el resultado de una actividad irregular o ilícita, sino también del ejercicio de una actuación regular o lícita, pues lo relevante es que se cause injustamente un daño a una persona.
>
> Como lo ha señalado la doctrina y la jurisprudencia, la licitud o ilicitud no se predica de la conducta de sus agentes, sino solo del daño. Por consiguiente, cuando el daño no puede reputarse como antijurídico, en razón de que es el resultado del ejercicio legítimo de los poderes del Estado, no está obligado a indemnizar, dado que en este evento todas las personas están obligadas a asumirlo como una obligación o una carga. (Corte Constitucional, C- 430, 2000)

En relación con el daño antijurídico y la falla en el servicio se ha precisado lo siguiente:

> Pero decir daño antijurídico no quiere significar que la noción de falta o falla del servicio desapareció de la responsabilidad estatal y menos que el acreedor de la indemnización ya no tenga que probar la falla si la hubo o la conducta irregular que lo lesionó.
>
> En otras palabras, cuando se alega que la conducta irregular de la administración produjo el daño (la falta del servicio en el lenguaje corriente) tendrá que probarse esa irregularidad, salvedad hecha de los eventos en que esa falla

---

6 Lo señalado en esta providencia ha sido reiterado en las sentencias que se citan a continuación: C-430 del 2000, C-832 del 2001, C-285 del 2002, C-1074 del 2002, C-043 del 2004, C-038 del 2006, C-644 del 2011, C-908 del 2013, C- 410 del 2015.

7 Aunque puede concurrir.

> se presume. En ambas hipótesis ese primer supuesto de la responsabilidad deberá gobernarse por las normas de la carga probatoria. Y cuando se afirma que ese daño se produjo sin falta o falla de la administración, pero que el que lo sufre no tenía por qué soportarlo, el acreedor, como es apenas evidente, deberá demostrar el daño y el porqué, pese a ser legal la actuación de la administración, no tenía por qué sufrirlo. (Corte Constitucional, C-333, 1996)

Lo anterior lleva a concluir que en materia de RPE pueden existir daños que deben ser soportados por los ciudadanos; la Corte Constitucional en la Sentencia C-043 de 2004 aclara:

> Obviamente, el nuevo fundamento de la responsabilidad estatal conlleva a su vez que no todo daño deba ser reparado, sino solo aquel que reviste la connotación de antijurídico, es decir, no se repara el daño justificado, esto es aquel que quien lo padece tenga la obligación de soportar. Además, como en todos los casos de responsabilidad, debe tratarse de un daño que tenga un vínculo causal con la actividad de un ente público. Esta actividad, ha dicho la Corte, no es solamente la que se da en el ámbito extracontractual de la actividad estatal, sino que también puede provenir de las relaciones contractuales de la Administración. (Corte Constitucional, C-043, 2004)

Los eventos en los que se deduce que el administrado está obligado a soportar una lesión tienen como nota común el interés general, porque así lo dispone la Ley o la Constitución, como lo dedujo la Corte Constitucional en la Sentencia C-908 de 2013, en el caso de multas:

> No obstante, un daño no es antijurídico y por consiguiente no se derivará de él responsabilidad patrimonial por parte del Estado, cuando se trata de una lesión o carga que los asociados están obligados a aceptar, teniendo en cuenta que "puede existir un daño que (...) constituya (...) una molestia, [pero] que, en beneficio del interés general, halle justificación constitucional. (Corte Constitucional, C-908, 2013)

De la misma forma, los eventos indemnizatorios pueden ser determinados tanto por el juez de la reparación como por el legislador, la Sentencia C-038 de 2006, al referirse al hecho del legislador así lo precisó:

> No sobra advertir que la Constitución establece expresamente determinados supuestos de obligación reparadora por la actuación del Legislador, tales como la figura de la expropiación, la obligación de indemnizar cuando se establece un monopolio o cuando el Estado decide reservarse determinadas actividades estratégicas o servicios públicos.
>
> Lo anterior no significa que la responsabilidad del Estado legislador se vea circunscrita exclusivamente a los anteriores eventos o a los supuestos de declaratoria de inconstitucionalidad de las leyes, pues como ya se ha dicho su

> fundamento estriba en la noción de daño antijurídico, la cual como se ha reiterado a lo largo de esta decisión descansa en los principios de solidaridad y de igualdad, y no en la idea de la actividad ilícita del Legislador, entendida como tal las actuaciones contrarias a la Constitución.
>
> Por lo tanto determinar el régimen particular de la responsabilidad del Estado legislador, o si se prefiere los títulos de imputación del daño antijurídico a la actuación u omisión del Congreso de la República, es una tarea que en todo caso corresponde precisar al propio Legislador en ejercicio de su potestad configuradora y a la jurisprudencia contencioso administrativa, como juez especializado en la materia (...). (Corte Constitucional, C-038, 2006)

Pero esos eventos indemnizatorios no siempre configuran un daño antijurídico, como sucede en el caso de la expropiación, por cuanto prevalece el interés de la comunidad, como lo ha precisado la Corte Constitucional en la Sentencia C-1074 de 2002, reiterado en la C-227 de 2011, cuando señaló que no era un evento gobernado por el artículo 90 de la Constitución:

> La indemnización que establece el artículo 58 constitucional en caso de expropiación es distinta de la que señala el artículo 90 de la Carta en relación con la responsabilidad patrimonial del Estado por los daños antijurídicos que le sean imputables causados por las acciones u omisiones de las autoridades públicas. En primer lugar, el artículo 58 se refiere a un daño que no es antijurídico, puesto que el mismo texto constitucional establece que el particular debe soportar la carga de ser expropiado, es decir, el daño resultado de la expropiación sí debe ser soportado por el expropiado, lo cual no significa que dicho daño no deba también ser indemnizado, por mandato expreso de la Constitución. (Corte Constitucional, C-1074, 2002)

Los eventos en los que se deduce que el administrado está obligado a soportar una lesión tienen como nota común el interés general, porque así lo dispone la Ley o la Constitución, como lo dedujo al Corte Constitucional en la sentencia C-908 de 2013, en un caso de unas multas.

Ahora bien, recientemente la Corte Constitucional mediante la Sentencia de unificación SU-157 del 5 de mayo del 2022, realizó una nueva precisión en relación con los elementos de la RPE y en relación con el daño antijurídico estipula lo siguiente:

> (i) Daño antijurídico. Se ha sostenido que para que se configure la responsabilidad patrimonial del Estado, el daño: (i) debe ser cierto y personal y (ii) antijurídico. Se denomina daño antijurídico, no sólo porque la conducta del autor de la lesión sea contraria al derecho, sino también porque el sujeto que sufre el daño "no tiene el deber jurídico de soportar el perjuicio que se le ha infringido, creándose así una lesión injusta" que debe ser indemnizada.

> Por lo tanto, la antijuricidad del daño ocurre cuando la actuación del Estado no se encuentra justificada, bien sea porque (i) no existe un título jurídico válido que autorice o admita el daño causado, -caso en el que el Estado no está legitimado para producir la afectación correspondiente- (derivado de una actuación ilícita), o (ii) cuando el daño excede las cargas que normalmente un individuo en la sociedad está obligado a soportar (derivado tanto de actuaciones lícitas como ilícitas). De estos escenarios se deriva también que existen algunos daños que los asociados sí estarían en la capacidad y obligación de soportar, por los cuales no responderá el Estado. En consecuencia, para determinar si un daño es o no antijurídico, deben revisarse en cada caso las circunstancias en las que se produjo el mismo, en especial, la existencia de causales de justificación para la acción u omisión de la Administración. (Corte Constitucional, SU-157, 2022)

En relación con la anterior estipulación, lo primero que se debe considerar es que la Corte Constitucional parece fijar la antijuricidad del daño en relación con una conducta anormal del Estado, pero tal y como se ha precisado pueden existir daños antijurídicos derivados de actuaciones normales o sin reproche obligacional por parte del Estado y en segundo lugar, el análisis de la antijuricidad del daño no depende de la actuación objeto de reproche, pues su estudio es independiente y debe estar limitado a los elementos mismos de certeza, personal y antijuricidad.

Otra precisión importante, es que se reconoce que existen ciertas cargas que se deben soportar y solo cuando se exceda dicha soportabilidad, es que se genera la antijuricidad del daño, lo que daría la idea de que en los casos en los cuales se pueda estructurar un daño antijurídico se debería analizar si existe justificación de actuación para el Estado y ello limitaría en sí dicho análisis.

Oriol Mir (2012) por su parte, al referirse al caso español y en particular a los principios de la nueva Ley de Expropiación Forzosa, indicó que:

> [...] al prescindir la LEF de los elementos de ilicitud y culpa para fundamentar la responsabilidad administrativa, abandonó la perspectiva de la acción dañosa y erigió el daño, el daño antijurídico, en criterio determinante; partiendo de un principio objetivo de garantía del patrimonio, la nota de la antijuricidad se predica no ya de la conducta administrativa (que podía ser lícita o ilícita) sino del daño. (p. 13)

Al respecto, en la Sentencia C-043 de 2004 se estableció que la antijuridicidad del daño puede ser establecida por el legislador, como era el caso de la exoneración del pago de costas a entidades públicas, establecida en el artículo 171 del derogado Código Contencioso

Administrativo, Decreto 01 de 1984. La Corte Constitucional señaló que, si bien se podía predicar un daño, éste no tenía la connotación de antijurídico, porque así lo determinó el legislador en ejercicio de su facultad de libre configuración de normas procesales.

De acuerdo con la línea expuesta, es claro que existen daños que son jurídicos y que deben ser soportados por las víctimas y que, en todo caso, así exista un daño antijurídico, ello no implica *per se* que se ordene la reparación del mismo, pues es solo uno de los elementos de análisis necesarios para la estructuración de la RPE. En tal sentido, pasaremos a analizar algunos casos en los que se determinó la inexistencia del daño antijurídico.

2.5. EL ANÁLISIS PRAGMÁTICO DE LA ANTIJURICIDAD DEL DAÑO

Hasta este momento se ha tratado de estipular dos tesis. La primera, de que la comprobación de un daño antijurídico requiere necesariamente de los tres elementos previamente enunciados como, (i) que la víctima sea titular de un derecho lícito tutelado, es decir, que se acredite el elemento personal, (ii) que exista una lesión negativa de sus derechos, es decir, que el daño sea cierto y (iii) que no exista título jurídico válido para la lesión negativa de sus derechos. La segunda, de que la comprobación de la antijuricidad del daño es independiente del estudio de causalidad; pues la comprobación de la antijuricidad no es una condición suficiente para que se estructure una causalidad y menos de una imputación.

En atención a dichas tesis, se pasarán a analizar dos casos con interesantes juicios de antijuricidad.

2.5.1. Sentencia del 23 de junio del 2021

El proceso 05001233300020180192600 fue definido por el Tribunal Administrativo de Antioquia en primera instancia el 23 de junio del 2021, en la cual se negaron las pretensiones de la demanda, al concluirse que en el caso se presentaba la inexistencia del daño antijurídico[8].

En el caso en mención, los demandantes pretendían el pago de la totalidad de los daños derivados de la presunta pérdida de los dineros que invirtieron en el proyecto constructivo ante el presunto fracaso de este, por el adelantamiento de un proceso de extinción del derecho de dominio y por la expedición de dos oficios los cuales generaron la confianza para que invirtieran en el proyecto.

Al respecto, el Tribunal consideró que los demandantes no acreditaron la legitimidad y titularidad del derecho real o patrimonial que se tiene sobre el bien objeto de extinción de dominio y que les fue alterado o perturbado y por el cual reclaman su reconocimiento como tal. Es decir, se probó que los demandantes eran titulares de un derecho fiduciario, más no de un derecho real sobre el pre dio de mayor extensión. En relación con dicho punto, el Tribunal analizó que son:

> [...] fuente de obligaciones entre partes y no sobre derechos reales o patrimoniales, puesto que solo engloban una promesa, una expectativa, de un a derecho patrimonial incierto, que lo es la propiedad a una unidad familiar, habitacional o comercial. Por ende, el incumplimiento de esos contratos per se no amalgama ipso jure la vulneración a un derecho real o patri-

---

8 En la sentencia se describen los siguientes hechos: "Que a finales del año 2013, se inició la promoción de un proyecto urbanístico en el Alto de las Palmas, municipio de Envigado – Antioquia, conocido como Meritage Luxury Community (en adelante MERITAGE), el cual se mostraba como uno de los más importantes complejos de casas, apartasuites y locales comerciales de lujo y áreas comunes de alta gama en el sector.
(...)
Que los terceros interesados en adquirir las unidades inmuebles resultantes del proyecto de construcción MERITAGE y destinadas a vivienda, suscribieron sendos contratos de Encargo Fiduciario para vinculación al Fideicomiso MERITAGE, ello, con el fin de ir consignando a favor de la Fiduciaria, como vocera y administradora de dicho Fideicomiso, los dineros correspondientes al precio del inmueble.
(...)
Que el 22 de julio del año 2016, la Fiscalía 44 E.D., decretó medidas cautelares de embargo, secuestro y suspensión del poder dispositivo sobre todos los predios... Que pese a que ni los derechos fiduciarios ni el proyecto de construcción, teóricamente, estaban comprendidos en el objeto del proceso de extinción de dominio, lo cierto, es que tanto unos como otros, terminaron fracasados debido a la imposición de las medidas."

> monial, más bien, surgen unas obligaciones o derechos personales, que son totalmente antagónicos a los derechos reales, a pesar de que su contenido sea patrimonial para ambos. (Tribunal Administrativo de Antioquia, No. 05001233300020180192600, 2021)

Igualmente, concluyó que los inversionistas en un proyecto inmobiliario, que es administrado a través de la fiducia mercantil no son afectados en la acción de extinción de dominio que persigue el bien inmueble en el que se va a desarrollar el propósito constructivo, por cuanto estos no han adquirido la calidad de titulares de derecho real sobre la cosa a extinguir.

Es importante precisar que en este caso se evidencia que el estudio del elemento directo del daño se realiz*ó* dentro del marco del análisis del elemento personal del daño, y no del daño mismo. Es decir, el elemento directo del daño no es otro que, la relación que debe existir entre el derecho del cual se considera que se es titular y la actuación objeto de reproche obligacional que se considera causante. De ahí que, el estudio del daño y dentro de este del elemento personal del daño, deriva desde la estructura lógica de análisis de la causalidad, y es claro que en ese momento ya se tendría depurada la información y el análisis de la causalidad para tener certeza de cuál es la actuación objeto de reproche obligacional que se consideró como causa y así realizarse un estudio más preciso del elemento personal del daño.

Siguiendo la anterior línea de pensamiento, y con el objeto de precisar el centro de análisis del presente caso, se observa lo siguiente:

a. El daño antijurídico alegado por la parte demandante consistió en la pérdida de la inversión que realizaron en el proyecto Meritage, frente a la cual no estaban en el deber jurídico de soportar.

b. En relación con la causalidad que se alega, se observa que se trató de fundamentar dos escenarios causales, uno con el funcionamiento anormal y otro con el funcionamiento normal de la función estatal:

b.1. En relación con el funcionamiento anormal el demandante precisó lo siguiente:

- Los oficios emitidos por la Fiscalía General de la Nación le generaron a los demandantes la confianza para invertir en el proyecto Meritage, pues mediante los mismos se conceptuó que no existía una investigación pendiente.

- La confianza se rompió en el momento en que la Fiscalía General de la Nación decidió decretar unas medidas cautelares con fines de extinción de dominio sobre los predios donde se desarrollaría el proyecto.

b.2. En relación con el funcionamiento normal el demandante precisó lo siguiente:

- El decreto y práctica de las medidas cautelares dispuesto por la Fiscalía 44 Nacional de Extinción de Dominio dentro de la investigación No. 110016099068201063641 se realizó dentro de la legítima actividad funcional de ese organismo por cuanto le corresponde a la Fiscalía General de la Nación en el marco de la Ley 1849 del 2017.
- Es decir, la Fiscalía General de la Nación actuó en cumplimiento de sus deberes funcionales al decretar las medidas cautelares sobre los bienes donde se desarrollaba el proyecto Meritage.
- La parálisis y el fracaso del proyecto Meritage generó una vulneración de los derechos económicos de la demandante, representados en la imposibilidad de adquirir la propiedad del inmueble que a través de la vinculación al Encargo Fiduciario tenía previsto adquirir, lo cual ha afectado su patrimonio económico.
- La carga que tuvo que soportar la demandante excedió los límites razonables que debieran soportar los ciudadanos, en la medida en que se vio afectado su patrimonio económico y moral, no ocurriendo lo mismo con el resto de la comunidad.

Teniendo en cuenta la anterior precisión y siguiendo la línea de análisis, se resaltan dos temas, que la conclusión de inexistencia del daño antijurídico a la que llegó el Tribunal se presentó al no acreditarse los elementos del daño; es decir, no se acreditó una lesión negativa de los intereses, no se afectó un interés lícito de los que no tenía que soportar y no se acreditó que eran titulares de un derecho que directamente estaba siendo afectado por la actuación reprochada de la Fiscalía General de la Nación. Igualmente, de que la existencia o no del daño antijurídico no es una condición suficiente para concluir la existencia o no de la causalidad.

2.5.2. Sentencia del 13 de agosto del 2021

El proceso 50502 fue definido por la Sección Tercera del Consejo de Estado el 13 de agosto del 2021. En este caso se imputó responsabilidad a la Ministerio de Ambiente, Vivienda y Desarrollo Territorial, Rama Judicial y Distrito Capital de Bogotá por los daños patrimoniales causados a la demandante derivados de la imposibilidad de continuar hasta su total finalización la construcción del proyecto de vivienda denominado Parque Residencial San Jerónimo de Yuste, cercano a la zona de Reserva Forestal de los Cerros Orientales. Particularmente, en el caso se realizaba un juicio de reproche de 3 actuaciones:

- La expedición de la Resolución No. 463 de 2005 por el Ministerio de Ambiente, Vivienda y Desarrollo Territorial que excluyó el sector del predio donde se encuentran ubicados los globos de terreno de Compensar de la zona de reserva forestal protectora declarada en la Resolución No. 076 de 1977 para incluirlos en lo que denominó una "franja de adecuación" y suspendió la realización de desarrollos urbanísticos y la expedición de licencias de urbanismo y construcción hasta tanto el Distrito estableciera la reglamentación urbanística correspondiente.
- Las decisiones administrativas del Distrito Capital comunicadas a la demandante, en las que, atendiendo a la controversia sobre la delimitación de la reserva forestal protectora que posteriormente se discutiría en sede judicial, solicitó a Compensar que no adelantara la promoción del proyecto, y suspendió los trámites hasta que se resolviera el asunto.
- Los proveídos del Tribunal Administrativo de Cundinamarca Sección Segunda, Subsección B dentro de la acción popular No. 2005-00662 instaurada contra el Ministerio de Ambiente, Vivienda y Desarrollo Territorial y otros, precisamente relacionada con las disposiciones de la Resolución No. 463 de ese Ministerio, en los que, el Tribunal: a) Como medida cautelar, decidió suspender los efectos de las Resoluciones No. 463 y 1582, y suspender temporalmente el otorgamiento de licencias ambientales, y licencias de urbanismo y construcción; y b) En sentencia de primera instancia protegió los derechos colectivos invocados en la demanda y ordenó, entre otras cosas, que se prohibieran absolutamente nuevas construcciones

de inmuebles al interior de la franja de adecuación y la expedición de licencias o permisos de urbanismo y construcción en la misma.

Teniendo en cuenta lo anterior, lo primero que analizó el Consejo de Estado fue la identidad del daño alegado y su origen. Al respecto, observó que el daño alegado consistió en:

> Un detrimento patrimonial a COMPENSAR, ante la imposibilidad de obtener los beneficios económicos esperados de la venta de las viviendas y por la pérdida de la inversión realizada para la ejecución del proyecto. Para ello se refirió al material probatorio relativo a los gastos y erogaciones efectuadas en el proyecto y las perspectivas de inversión y rentabilidad. (Consejo de Estado, Sección Tercera, Exp. 50502, 2021)

En ese sentido, se procedió con el análisis y se concluyó que no se acreditó la existencia del daño antijurídico padecido por la demandante, pues consideró que la demandante no acreditó encontrarse en una situación distinta de aquellas que impone la función ecológica y social de la propiedad, que resquebrajara de tal manera el principio de igualdad, que le hubiera impuesto una carga excesiva; tampoco se acreditaron los elementos de excepcionalidad y anormalidad de dicha situación, pues un debate sobre usos, destinación y explotación de bienes como el descrito, hacía suponer las contingencias a las que se vio sometido el proyecto.

Lo indicado permite concluir de manera precisa que, la inexistencia del daño antijurídico se dio en este caso al no acreditarse que no se encontraba en el deber jurídico de soportarlo y tal y como se desarrolló en la sentencia, tratándose del derecho de propiedad existen unas cargas que sí deben soportar como en el presente caso. Ahora bien, al final de la sentencia el Consejo de Estado concluyó que "tratándose de afectaciones o limitaciones al derecho a la propiedad, que son objeto de debate judicial, estas no constituyen por sí mismas una afectación real, sustancial o excepcional en las condiciones de ejercicio de dicho derecho real" (Consejo de Estado, Sección Tercera, Exp. 50502, 2021), lo cual llevaría a concluir que dichas limitaciones o afectaciones al derecho a la propiedad no generan *per se* un interés negativo y/o un daño cierto.

Capítulo tercero

El concepto de causalidad: La causalidad no debe ser entendida como una mera relación entre la actuación y el daño

3.1. PLANTEAMIENTO

En el capítulo anterior se planteó que en los términos del artículo 90 de la Constitución Política los elementos necesarios para que se estructure la RPE son el daño antijurídico, la causalidad y la imputación. Igualmente, que el hecho dañino es un elemento de control en todo el análisis del juicio de responsabilidad y particularmente, el de causalidad. En esta parte se pretende justificar la tesis de que la causalidad no debe ser entendida como una mera relación entre una actuación y el daño, pues tiene un amplio desarrollo teórico y que por lo mismo, su análisis desde la práctica jurídica ha presentado ciertos problemas, en atención a que dependiendo de la estructuración que se realice por el juez, dependerá el resultado del juicio de responsabilidad, pues influye enormemente la selección de la condición a la que se le otorga la categoría de causa.

En este contexto, resulta fundamental hacer un recorrido teórico de la causalidad para identificar las principales características y elementos de cada uno de los significados y para tal efecto, se realizará inicialmente un acercamiento a la causalidad desde la diferencia entre relación de causalidad, relación de explicación causal y relevancia causal (i); para luego analizar los dos principales modelos del análisis de la causalidad, la bifurcación de la indagación causal y la unificación de la indagación causal (ii).

Iniciamos este camino del concepto de la causalidad con un pensamiento de Coleman (2010): "en general los juristas y los profesores de derecho están tan confundidos como sus estudiantes acerca de la función que cumple la causalidad en la responsabilidad y su comprensión" (p. 275).

Las anteriores palabras se comparten, en el sentido de cómo se irá desarrollando, existen múltiples significados de lo que es la causalidad y/o de lo que debería ser la causalidad en la responsabilidad patrimonial. Particularmente, dichas teorías tratan de justificar cuál selección de condiciones o eventos, es la más apropiada para otorgarle la categoría de causa del daño. En ese orden de ideas, se debe lógicamente iniciar con lo indicado por Goldenberg (2000):

> [...] con Aristóteles se puede situar el inicio del llamado causalismo científico. El Estagirita requiere de 4 causas para la producción de cualquier resultado. Todo efecto, de acuerdo con su pensamiento ha de ser producido por algo o por alguien (causa eficiente), para algo (causa final), de algo (causa material) y con introducción de algo (causa formal). La causa material y formal son causas del ser y la eficiente y la final del devenir. (p. 3)

Igualmente se ha planteado que "la causación no es una categoría de relación entre ideas si no una categoría de conexión y determinación que corresponde a un rasgo real del mundo fáctico de modo que tiene índole ontológica" (Bunge, 1965, p. 18), es decir, se ha tratado de limitar el análisis de la causalidad a un escenario eminentemente fenomenológico, o en palabras de Sepulveda Medina (2004):

> Todo fenómeno o acontecimiento de la naturaleza es un efecto que debe tener su propia causa, pues a todo efecto debe proceder necesariamente una causa... el fenómeno natural no puede ser extraño al campo del derecho, y así el artículo 1524 del Código Civil Colombiano señala (no puede haber obligación sin una causa real y lícita), ello para querer significar que en el mundo jurídico al igual que en el físico, el concepto de causa – efecto campea libremente con la fuerza determinante. (p. 158)

Con ello se da la significación de que la causalidad está exenta de juicios de valor, en el sentido de que debe presentar siempre la dicotomía de causa – efecto, desde el punto de vista fenomenológico y no jurídico, lo cual en nuestro concepto no sería válido, pues la causalidad en todo su juicio comparte los dos ingredientes de análisis, el fáctico y el jurídico y es así que, "cualquiera que sea el fundamento de la responsabilidad, para que se pueda adjudicar a una persona determinado resultado, y deba reparar el daño (causado), es imprescindible la existencia del nexo causal entre su accionar y la consecuencia" (Campagnucci de Caso, 1984, p. 181).

De ahí que, como lo indica válidamente Soler (1951):

> [...] para que se pueda decir que determinada alteración del mundo exterior ha sido cometida es necesario que entre la fase subjetiva de la acción (conducta corporal), y la fase objetiva de la misma (resultado) medie una relación. Ese es el problema que se ha planteado bajo el nombre de relación de causalidad. (p. 301)

Soler plantea así el inicio de toda la discusión, de qué se entiende por relación de causalidad, si la misma comprende toda la dimensión de la TC, o es una mera relación fenomenológica. Al respecto, Wright (2012) precisa lo siguiente:

> Hart y Honoré advierten los usos ambiguos en el lenguaje ordinario dentro y fuera del derecho de términos como (causa) y (responsable por), cada (sic) uno de los cuales a veces se usa meramente para referirse al hecho de la causalidad natural, pero en otras ocasiones abarca también la atribución de responsabilidad moral o jurídica.
>
> Reconocen que en el uso ordinario el identificar a alguna cosa como una causa en lugar de como una mera condición o circunstancia, depende de nuestros intereses prácticos y que personas diferentes pueden ofrecer y de hecho ofrecen diferentes respuestas en la misma situación, dependiendo de los intereses prácticos y propósitos particulares para los cuales se plantea una investigación causal particular y se responde a ella. (p. 234)

Igualmente, se ha llegado a afirmar que la causalidad puede derivar de una relación natural y jurídica, por cuanto "una acción es causal siempre para un determinado resultado típico, cuando este resultado sigue temporalmente a la acción y está unido con ella natural y jurídicamente" (Joachim Rudolphi, 1998, p. 16); sin embargo, Moore (2011) precisa que, "(...) es mejor pensar que causa es unívoca; que ella significa lo mismo en contextos de atribución de responsabilidad y en contextos explicativos; que se refiere a una relación natural entre eventos o estados de cosas" (p. 50).

Siguiendo la anterior línea de análisis, se aprecia que en la teoría se ha tratado de darle un significado a los conceptos de causa, condición o eventos, causalidad y relación de causalidad; y la pregunta lógica que corresponde hacerse es, todos esos conceptos tienen significados iguales, o realmente cuál es el concepto que sirve de premisa para la imputación del daño. Con el objeto de absolver dicho interrogante, resulta necesario ahondar en lo que se conoce como relación de causalidad y relación de explicación causal.

3.2. RELACIÓN DE CAUSALIDAD Y RELACIÓN DE EXPLICACIÓN CAUSAL

Una de las principales distinciones con la que debemos iniciar, esta entre la llamada relación de causalidad y relación de explicación causal. Al respecto, Prades (2014) indica:

> En un célebre ensayo, P.F. STRAWSON distinguió entre la relación de causalidad y la relación de explicación causal. La primera, según STRAWSON, es una relación natural, una relación que se da entre cosas en el mundo natural, cosas a las que podemos asignar un tiempo y un lugar en la naturaleza. La segunda, por el contrario, debe ser concebida como una relación entre hechos o verdades y el que se dé depende de la tendencia psicológica de nuestra mente a entender mejor ciertos hechos cuando los vemos a la luz de otros. La relación de explicación es intencional, depende esencialmente del tipo de descripción del mundo que escojamos. La causalidad como relación natural sería una relación extensional entre particulares, entre sucesos. Un suceso admite descripciones muy diferentes. (p. 19)

Es decir, la relación de causalidad tiene argumentos descriptivos los cuales pueden ser calificados de verdaderos o falsos, dependiendo de los medios probatorios o en otros términos es lo que comúnmente denominamos nexo causal; mientras que, la relación de explicación causal tiene argumentos prescriptivos, pues se realizan juicios de valor para justificar la que sería la causa del daño, partiendo del reproche obligacional. De ello resulta necesario admitir que, tiene una enorme relevancia al momento de analizarse los casos de RPE y particularmente, al analizarse todo lo relacionado con el hecho dañino, pues como se ha reiterado dicho aspecto es un punto de control para un debido juicio de responsabilidad.

En consecuencia, se trata de zanjar una discusión que en nuestro parecer no tiene mucho asidero práctico, consistente en si al estructurarse la causalidad se requieren analizar únicamente premisas descriptivas o únicamente premisas prescriptivas. Dicha discusión es la que ha llevado a enormes problemas de juicio, pues compartimos lo descrito por Prades en el sentido de que se requieren los dos elementos de análisis, al no presentarse una disyunción, sino una conjunción, lo cual guarda total relación con la teoría de la bifurcación causal.

La relación de causalidad es necesaria y es solo un nivel de análisis que se requiere para la atribución de la responsabilidad por daños, pues se reitera, una vez determinadas las descripciones del caso desde el punto de vista de la relación de causalidad, viene otro paso que sería realizar la explicación causal entre el reproche obligacional y la actuación que se considera condición del hecho dañino; no obstante, Prades (2014) al referirse al pensamiento de HUME sostiene:

> [...] no hay nada en la percepción de un caso particular de transacción causal que nos pueda indicar la existencia de la relación de causalidad. Cuando un suceso C causa otro suceso E, lo único que es percibido, y lo único que es relevante del caso particular para la relación de causalidad, es el hecho de que E sigue a C y que C y E tienen un tipo adecuado de proximidad en el espacio.
>
> [...] la supuesta modalidad causal es el resultado de una proyección que realiza la mente humana para la que se necesita la observación de regularidades. Es el hecho de que sucesos particulares semejantes a C van asociados regularmente a sucesos particulares semejantes a E el hecho adicional -no modal- que determina que el suceso particular C causa el suceso particular E... La existencia de relaciones de explicación causal entre hechos depende de la mente humana en un sentido trivial e irrelevante para su objetividad. Pero, en ese sentido, las relaciones de causalidad entre sucesos no dependen menos, sino más, de nuestras reacciones y necesidades. En cualquier caso, nada de eso supone compromiso alguno con una forma mínima de idealismo o subjetivismo: en el sentido interesante ninguna de ellas depende de la mente humana. Lo que depende de la mente humana es el contenido de nuestros enunciados causales. Una vez fijado ese contenido, el mundo decide su verdad. (p. 22)

En resumidas cuentas, se puede precisar que la relación natural que es necesaria en su análisis para la relación de causalidad ofrece desde un plano material la observación de regularidad de eventos, no ya en el caso particular, sino como una premisa general, pues si C causa E, se podría decir que siempre que se presenta E, regularmente es generado por una condición C, o en palabras de Campagnucci de Caso (1984), "En el plano jurídico la relación causal es el nexo entre la acción humana y el resultado acaecido" (p. 23).

Lo anterior, pareciera solucionar el problema de la causalidad y dar una solución plausible en el caso concreto, no obstante, se podría caer en una contradicción entre lo teórico y lo práctico, pues tomar como premisa general y válida dicha relación de causalidad desechará por completo algunas otras premisas que serían importantes como por ejemplo, la conducta del sindicado, de un tercero, una fuerza mayor, etc.

Se considera que concentrar el análisis en la regularidad de las cosas es complejo desde el punto de vista probatorio y además, ofrecería solo una descripción desde la relación en tiempo, modo y lugar entre el hecho dañino y el daño, pero la causalidad va un poco más allá en el análisis, pues no es solo dicha relación, sino que se trata de indagar qué actuación fue la que generó el hecho dañino y que reproche tiene relación con dicha actuación **y ahí es donde resulta necesario una explicación desde el punto de vista intensional. Por ello, "el hecho de que dos particulares pertenezcan al mismo tipo no implica el hecho de que tengan o no los mismos poderes causales" Prades (2014, p. 23). De ahí que:**

> [...] la causalidad como relación natural para Strawson, es una relación entre particulares. Y un particular es una entidad que tiene lo que podemos denominar vida oculta. Puede ser identificado de maneras muy distintas, tiene propiedades, aspectos, rasgos que lo identifican y que son distintos. Algunos de esos rasgos son esenciales para su identidad numérica, otros no lo son. (Prades, 2014, p. 24)

Dicho en forma breve, la relación natural se da desde los particulares y sus características que los identifican como por ejemplo una inundación, un atentado terrorista, una privación de la libertad, un error judicial, etc., tienen como sucesos ciertos poderes causales y por ello dichos particulares para Strawson, pueden ser tanto objetos, como sucesos. Por lo tanto, la relación de causalidad se analiza desde los particulares que pueden ser objetos y sucesos, por lo que se trata de identificar sus propiedades que se constituyen en condiciones necesarias que los caracteriza para así establecer desde un plano eminentemente natural el efecto que produce. Por ejemplo, la activación de un artefacto explosivo ¿qué tipo de consecuencia produce?; la ausencia de frenos de un vehículo en movimiento ¿qué tipo de consecuencia produce? Prades (2014) resalta al respecto lo siguiente:

> Por eso es natural decir que cuando los objetos causan lo hacen en virtud de sus propiedades. Y ello está en la base de la distinción de Strawson entre dos tipos de relación causal. Son las propiedades de los objetos las que explican su eficacia causal. Los sucesos, aunque son particulares, no son objetos. Como ellos, tienen poderes causales, pero también la manifestación, el ejercicio, de tales poderes. Cuando un objeto causa, necesariamente hay un suceso. Los sucesos, como los objetos, son sucesos de un cierto tipo. Los tipos de sucesos son tipos de procesos de causación. Y, como los objetos, los suce-

> sos tienen vida oculta, pueden identificarse por descripciones identificadoras completamente distintas. (p. 25)

Lo indicado permite afirmar que cuando un objeto causa necesariamente hay una suceso y para indagar la relación de causalidad tenemos que realizar el análisis desde sus propiedades para determinar la eficacia causal. En relación con los sucesos, no se puede analizar de la misma manera, pues un suceso a pesar de que tiene poderes causales se tiene que realizar un análisis descriptivo de lo que lo caracteriza para absolver la pregunta de, si ese suceso produce esa consecuencia que sería otro tipo de suceso. Por ello, Prades (2014) precisa lo siguiente:

> [...] la identidad numérica del suceso depende de la importancia que demos a ciertos de sus aspectos. Y esa importancia no es independiente de nuestros intereses... La misma caracterización de un suceso como sucesos de un tipo, implica que ciertos rasgos y ciertos hechos son condición necesaria para su identidad individual. Ésta es una conexión crucial entre la causalidad como relación natural y la relación intencional de explicación causal. (p. 26)

Hasta aquí, se denota que esa distinción entre relación de causalidad y relación de explicación causal en realidad está más cerca de lo que se cree, pues al hablarse de relación de causalidad de sucesos necesariamente tiene una relación con los criterios de explicación intencional, en el entendido de que se requiere dar una explicación tanto descriptiva como prescriptiva de un suceso que se constituye en una condición necesaria para la relación de causalidad, por ejemplo entre el hecho dañino y el daño. Mill (1943), por su parte considera que "una causa compleja incluye una interpretación del hecho en términos de una diferencia crucial: la diferencia entre las relaciones metafísicas entre los elementos de la cadena causal compleja y los supuestos pragmáticos presentes en cualquier acto de habla de explicar".

Dicha idea de MILL se comparte, al hacerse relación al contexto de descubrimiento y el contexto de justificación, pues son dos caras de la misma moneda. Al respecto, el maestro Atienza (2013) sostiene lo siguiente:

> La teoría estándar de la argumentación jurídica parte de la distinción entre el contexto de descubrimiento y el contexto de justificación de las decisiones judiciales, y circunscribe el estudio de la argumentación jurídica a este último ámbito. O sea, una cosa sería dar cuenta de los motivos (en el sentido de los factores causales) de diverso tipo que llevan a un juez o un tribunal a tomar una determinada decisión; y otra señalar las razones que permiten considerar

> esa decisión como algo aceptable, justificado. En otros términos: una cosa son las razones que explican la decisión, y otra las que la justifican. (p. 14)

Lo indicado permite precisar que el contexto de justificación al que se hace relación en la filosofía de la ciencia, vendría siendo la relación de explicación causal, pues es la etapa en la cual se realiza la justificación intencional y del tipo de descripción del mundo que escojamos.

Teniendo en cuenta lo anterior, se podría concluir hasta este momento que la relación de causalidad o lo que conocemos normalmente como el nexo causal, atiende a las descripciones de los hechos sin ningún tipo de factor intensional, lo que en los términos de la estructura lógica de análisis sería la precisión del hecho dañino. Es decir, lo primero que debemos determinar es cuál es el hecho que generó el daño reclamado desde un punto de vista material **y cuál fue la actuación que generó dicho hecho**. Una vez determinado ello, se procedería a realizar la explicación causal desde el plano intencional, pues entrarían en juego todas los distintos juicios de reproche en relación con las actuaciones.

Ahora bien, a dicha dicotomía Muffato (2014) le incluye un nuevo elemento de análisis, la relevancia causal. Sostiene que hay que distinguir entre relaciones causales (de causalidad o causación), explicaciones causales y relevancia causal y para ello, el autor sostiene:

> [...] como cada explicación es una respuesta a una necesidad de información, para explicar qué causó un evento (o qué evento es esperable que ocurra) no es suficiente indicar otro evento... Además, una explicación causal útil se limitará a los últimos eslabones de la cadena causal (causal proximity): las cuestiones de relevancia surgen a la hora de determinar hasta qué punto de dicha cadena tenemos que remontarnos para formular ciertos tipos de juicios ulteriores (como un juicio de atribución de responsabilidad). En ambos casos, la necesidad de seleccionar el evento relevante para la producción del efecto lleva a distinguir entre causas y meras condiciones. (p. 68)

Siguiendo la anterior línea de análisis, se considera que la relevancia causal con independencia de si se considera o no una meta propiedad, lo válido es afirmar que es un juicio se selección causal, pues parte de una distinción totalmente válida entre causas y meras condiciones, siendo de gran importancia, pues como se verá en el desarrollo del trabajo, toda la TC se remonta a una premisa básica: qué condiciones se pueden considerar como causas del daño.

Y ahí es el lugar común en el que confluyen todas las teorías, algunas para determinar qué se debe considerar como condiciones las cuales se pueden dar desde la relación de causalidad y la explicación causal, y luego, de esas condiciones cuáles se pueden considerar causas del daño y ello es lo que Muffato denomina relevancia causal, pues no todas las condiciones a pesar de ser necesarias desde un plano fáctico, pueden ser consideradas causas. En ello depende en gran medida, del tipo de teoría y clasificación causal que se acoja para la solución del caso concreto, al igual de un análisis válido de la prueba de la causalidad.

Ferrer (2014) por su parte, quien ha dedicado gran parte de su trabajo a la prueba y particularmente, a la prueba de la causalidad, indica lo siguiente:

> [...] el problema de la causalidad, debe partirse de la distinción entre ésta y la mera asociación entre eventos. Hoy parece obvio que podemos y debemos distinguir entre la ocurrencia conjunta o inmediata sucesiva de dos eventos, A y B, y la existencia de una relación causal entre ellos. Confundir ambas situaciones es, de hecho, objeto de una conocida falacia. (p. 216)

Lo anterior tiene sentido, pues al hablarse de la relación de causalidad no se está haciendo referencia a una mera asociación de eventos, sino que se requiere un poco más de análisis para que dicha asociación pueda ser catalogada como relación de causalidad desde un punto de vista extensional, y pues lógicamente dicho análisis está en la prueba que llevaría a lo que Muffato señala como la relevancia causal y no es otra cosa que la atribución a los eventos de la categoría de causa o de meras condiciones.

Aunque lo anterior pareciera claro, el análisis probatorio dependerá en todo caso de la concepción teórica de la causalidad con la que se cuente, pues desde la TC **física como se verá en** el capítulo cuarto, se ha utilizado la de la *conditio sine qua non* para sostener y justificar la prueba de si un evento A ha causado otro evento B basándose únicamente en el criterio de la condición necesaria, y ante lo cual se han elaborado una serie de modificaciones a dicha concepción entre las cuales encontramos el modelo *INUS* o *NESS*, el molino fino, criterio del factor sustancial, criterio de la necesidad de la oportunidad, entre otros.

Es por ello, que surge la importancia de identificar cada una de dichas concepciones de causalidad física para determinar la prueba requerida para que tenga fundamento en el juicio de responsabilidad, aunque se debe tener claridad que "nunca en un conjunto de elementos de juicio, por abundante y rico que éste sea, permitirá alcanzar certezas razonables sobre la ocurrencia de ningún hecho y, por tanto, tampoco de la relación causal" (Ferrer, 2014, p. 224). Dicha premisa de gran relevancia se comparte completamente, pues existe un sesgo cognitivo en pensar de que cuando en un juicio de responsabilidad el Juez determina cuál es la causa, lo realiza con total certeza como si se tratara de una deducción lógica válida e irrefutable, cuando en realidad dicha conclusión a la que se puede llegar no solo deriva de descripciones verdaderas, sino de prescripciones que en muchos casos argumentativamente se hacen pasar por descripciones para dar una sombra de verdad.

De ahí que, existen elementos tanto fácticos como jurídicos, o si se quiere, existen premisas descriptivas y premisas prescriptivas que en ese estudio de relación de causalidad y de explicación causal juegan un papel importante y por ello, el intérprete del juicio causal debe tenerlo presente pues de no ser así, no tendría la certeza necesaria.

Lo anterior lleva a concluir que, aunque en la gran mayoría de los casos no se alcance la certeza razonable, es importante tener claro quién tiene la carga de probar dentro del juicio cada uno de los elementos, con independencia de cuales sean. Al respecto, Gesualdi (2000) indica:

> [...] en principio, se admite por la generalidad de los autores que la prueba de la relación de causalidad está a cargo del acreedor o la víctima que la alega... No obstante, una parte de la doctrina sostiene que en ciertos casos existen presunciones de causalidad... No compartimos este parecer. El pretensor habrá de demostrar siempre la conexión entre el hecho y el daño, por lo que no puede hablarse de una presunción de causalidad. (p. 93-95)

La anterior posición se comparte, pues la víctima es quien presenta en el juicio las premisas descriptivas del caso que conducen al reproche a la conducta del demandado y por lo tanto, es quien debe probarlas de manera clara, pues de otra manera dichas premisas solo pasarían a hacer descripciones no probadas. En otros términos, la relación de causalidad al ser acreditada mediante constataciones de la verdad de las descripciones la carga será siempre de la víctima.

Igualmente, surge una pregunta importante, si la carga que tiene la víctima en relación con el juicio causal es únicamente en relación con la prueba de la relación de causalidad, la que como se ha visto estaría compuesta por premisas descriptivas o será que la carga que tiene la víctima es más allá de la prueba del hecho. Al respecto, consideramos que existe una carga igualmente para la víctima de justificar en qué consiste la relación de explicación causal. En otros términos, existe una carga argumentativa para la víctima de justificar por qué dicha condición que deriva de una actuación del demandado, es la causa del daño desde un contexto intencional.

Ello resulta relevante, pues en relación con esa argumentación intencional que realice la víctima, el demandado deberá justificar no ya desde la relación de causalidad, sino desde la relación de explicación causal por qué la interpretación de los hechos que realiza la víctima no es ajustada o válida, y con ello, el Juzgador tendría un parámetro más amplio para su análisis en el juicio causal y no solo limitado a la prueba de la relación de causalidad, pues tal y como lo indica el Casals (2020) "una regla generalmente aceptada es que tanto el demandante como el demandado deben probar aquellos hechos en los que, respectivamente, basan su demanda o su rechazo a la misma" (p. 233). En relación con lo anterior, Gesualdi (2000) sostiene:

> [...] adherimos a lo sostenido por Bueres en cuanto expresa que lo único que puede admitirse es una simplificación en ciertos aspectos de la prueba de la causalidad, lo cual no implica, de ninguna manera, que dicho presupuesto no tenga que ser probado -al menos parcialmente- por el pretensor. (p. 96)

En palabras de Yzquierdo (2017):

> [...] como resulta lógico, y en aplicación de los principios probatorios comunes, el damnificado es quien deberá acreditar necesariamente la conexión causal entre la conducta del agente y el daño sufrido. Pero ello, tanto si la responsabilidad se basa en la culpa como si se trata de un supuesto de responsabilidad objetiva o por riesgo. Lo que está detrás del binomio responsabilidad subjetiva/responsabilidad objetiva es solamente un problema de factores o criterios de atribución: por razón de culpa en la primera y sin culpa en la segunda, pero los restantes elementos de la responsabilidad civil continúan en pie, y entre ellos, la relación de causalidad... es responsabilidad objetiva, no responsabilidad automática. (p. 240)

Bajo esa tesitura, se pueden concluir dos aspectos: (i) que en relación con las descripciones del caso y de la justificación causal, la carga de la prueba la tiene siempre la víctima. Igualmente, la carga de la prueba la tiene el demandado si pretende demostrar descriptivamente una versión distinta de relación de causalidad y (ii) que el juicio de la causalidad se debe realizar en tres momentos totalmente diferenciados pero unidos al mismo tiempo. Esto es, el primer análisis que se debe abordar es entre el hecho dañino y el daño en el cual se acude a lo que se describió como la relación de causalidad; un segundo análisis, se debe abordar una relación de causalidad entre las actuaciones que se consideran condiciones con el hecho dañino y un tercer análisis, de relación de explicación causal entre dichas condiciones y el juicio de reproche.

Es así que, uno de los principales inconvenientes en la práctica jurídica se da precisamente en abordar la relación de causalidad entre la actuación que originó el hecho dañino y el daño, lo cual deja en algunas ocasiones sin un análisis particular el hecho dañino, pues no se tendría conciencia si en esa relación de causalidad entre el hecho dañino y el daño existe certidumbre o incertidumbre causal y además, el juicio normal que se realiza es el de la relación de causalidad directa entre el juicio de reproche y el daño. En tal sentido, se pasará a analizar dicho aspecto.

3.3. MODELOS DE CLASIFICACIÓN DEL ANÁLISIS DE LA CAUSALIDAD

Uno de los aspectos más relevantes en el estudio de la causalidad, lo constituye la clasificación que se le dé. Como se indicó en la primera parte de este trabajo, los grandes problemas que se han generado en la práctica jurídica derivan de las diversas clasificaciones que existen sobre un mismo tema, la causalidad al igual que la responsabilidad patrimonial, no es ajena a dicha disputa por clasificaciones.

En esta parte del trabajo se tratará de describir las principales disputas que en relación con la causalidad se han presentado en la teoría, pues como se verá, la distinción entre relación de causalidad y la relación de explicación causal, está íntimamente ligada con el modelo de selección de causas con el que se cuente, bien sea el de la unificación de la indagación causal o el de la bifurcación de la indagación causal, entre otros.

En tal sentido, en los juicios de responsabilidad patrimonial siempre estemos tentados a preguntarnos desde el punto de vista fáctico qué sucedió y desde el punto de vista jurídico quien responde. Esas preguntas que diríamos son naturales al ser humano, nos llevan a que la causalidad normalmente se ha clasificado en fáctica o material y jurídica o próxima como se verá. Papayannis (2014) precisa al respecto lo siguiente:

> [...] en la doctrina jurídica, el requisito de causalidad tiene un aspecto puramente fáctico y otro normativo. Ambos aspectos son claramente distinguibles. Cuando nos preguntamos si la acción del agente causó el daño sufrido por la víctima, nuestra pregunta apunta a una investigación empírica respecto de cómo ocurrieron los hechos y si existe una conexión fáctica entre ellos. En el caso más sencillo nos estamos preguntando si la acción del agente fue, en las circunstancias en que tuvo lugar, condición necesaria para la producción del daño. De haberse omitido esta acción, ¿se habría producido el daño igualmente? Por supuesto, responder esta pregunta no requiere únicamente un conocimiento sobre las circunstancias del caso; es necesario también poder explicar la conexión entre los eventos (la acción u omisión y el resultado) como una instancia particular de una ley causal general. Sólo entonces podrá afirmarse la existencia de una relación causal entre la conducta del demandado y el perjuicio de la víctima. (p. 140)

Se desprende de lo anterior que, en el estudio causal no solo se debe concentrar el análisis en las condiciones causales desde el punto de vista fáctico, sino que se debe realizar una explicación causal de la misma desde el punto de vista jurídico, pues lo que normalmente entendemos como causa fáctica, no es la que deductivamente sería la causa del daño imputable, pues pueden ocurrir eventos en los cuales la última condición física inmediata al daño luego de una valoración jurídica, dé como resultado, que a pesar de ser una condición necesaria no fue la suficiente para la producción del mismo. Por su parte, Moore (2011), indica lo siguiente:

> [...] la sabiduría popular acerca de la exigencia de causalidad, tanto en el derecho de daños como en el derecho penal, es que ella consiste en realidad en dos exigencias muy distintas. La primera es la de la causalidad física, se dice que, de las dos exigencias del derecho presentadas en términos causales, ella es la verdadera causa, porque adopta la noción de causalidad que se considera científica... por el contrario la segunda exigencia, la de la causalidad próxima o jurídica se dice que es una cuestión valorativa, que debe ser resuelta con argumentos vinculados con las políticas y no con las ciencias fácticas. (p. 140)

Necesariamente se requieren los dos niveles de análisis, el fáctico y el valorativo, por lo que la tendencia a desligarlas del concepto causal no tiene una importancia práctica. Para Campagnucci de Caso (Manual de obligaciones, 1997) la causalidad material "es la que responde a las ciencias naturales", mientras que "la causalidad jurídica es propia de las ciencias culturales y recibe como ingrediente el obrar contingente de la conducta humana" (p. 181).

Es precisamente la valoración de la conducta humana la que conlleva a múltiples interpretaciones, pues desde la relación de causalidad o desde el análisis eminentemente material podríamos tener probado qué evento generó otro, pero al momento de realizarse la valoración de la conducta estamos tentados siempre a realizarnos preguntas en cuanto a lo esperado o esperable de la misma. De ahí que, la Abogacía General del Estado de España (2015), concrete lo siguiente:

> [...] la relación de causalidad requiere de dos elementos uno fáctico y uno valorativo: Elemento fáctico: El nexo causal es, ante todo, una concatenación de hechos. Desde la actuación se suceden una serie de hechos que desembocan en el resultado dañoso. Pues bien, lógicamente, esta realidad fáctica debe ser probada y acreditada por la persona que alega la existencia de responsabilidad. Elemento valorativo: En efecto, no basta con lo anterior, sino que es necesario realizar una apreciación jurídica de los hechos, de manera que objetivamente podamos imputar el resultado a la actuación inicial, ya que, como se ha señalado, el criterio de la causalidad adecuada supone valorar que, además de la sucesión de condiciones, la causa sea relevante o próxima a la verdadera producción del daño, extremo que debe ser también acreditado por el reclamante. (p. 240)

Fíjese que en la anterior descripción se trata el nexo causal en similitud a lo que Strawson sostiene que es la relación de causalidad y lo descrito hasta este momento, nos permite precisar que el concepto de causalidad ha evolucionado debido a una necesidad práctica, pues inicialmente se entendía como causa únicamente la fáctica, la cual respondía a ciencias naturales y particularmente a una concatenación de hechos por lo que adopta la noción de causalidad científica siguiéndole el concepto de causa desarrollada por Aristóteles. No obstante, debido a la necesidad de darle un alcance más claro al juicio de responsabilidad patrimonial, aparece el concepto de causalidad jurídica, la cual invita a analizar la causalidad no con argumentos únicamente vinculados a ciencias naturales, sino con cuestiones valorativas, pues se requiere realizar una apreciación jurídica de los hechos, o en palabras de Strawson, una relación de explicación causal. Al respecto, Coleman (2010) nos comparte el siguiente ejemplo:

> El daño que las vacas causan al maíz no se hubiese producido de no ser por el ganado salvaje; pero tampoco hubiese ocurrido de no ser porque el maíz está en un lugar en el que puede ser destruido por el ganado. Tanto la ganadería como la agricultura son actividades sin las cuales el daño no se habría producido; el daño a una de ellas no tendría lugar si no fuera por la otra. Dado

que ambas actividades son causas en el sentido sine qua non, la relación causal que existe entre ellas es demasiado laxa como para justificar la imposición de responsabilidad sobre la ganadería o sobre la agricultura.

Al fin de resolver este problema, los juristas dedicados a la responsabilidad extracontractual introducen el concepto de causa próxima. La causa próxima selecciona del conjunto de condiciones necesarias, o de causas sine qua non, aquel evento sobre el que legítimamente puede fundarse la responsabilidad. Determinar qué actividad es la causa próxima de la ocurrencia de un evento dependerá de consideraciones de política y de principios. Por ejemplo, si el objetivo de la responsabilidad es disminuir la probabilidad de daño, entonces la causa próxima de un daño es la acción u omisión que podría haber reducido la probabilidad de su ocurrencia a menos coste. (p. 276)

De lo anterior se genera una duda terminológica, si lo que en la doctrina y jurisprudencia colombiana se denomina imputación con ocasión de lo estipulado en el artículo 90 de la Constitución Política, obedece a lo que teóricamente se ha denominado causalidad jurídica. Al respecto, el artículo 90 de la Constitución Política de Colombia estipula que, "el Estado responderá patrimonialmente por los daños antijurídicos que le sean imputables, causados por la acción o la omisión de las autoridades públicas".

Como se puede observar, dicho artículo estipula de una manera taxativa 3 elementos, el daño antijurídico, la imputación y la causalidad, por lo que pareciera dar el sentido en principio de que la causalidad de la que se desarrolla, es la causalidad fáctica, pero en realidad no, la causalidad a la que se refiere dicho artículo está orientada por el análisis de la causalidad física y jurídica, tal y como pasará a exponerse. Goldenberg (2000) indica:

El gran aporte de Kelsen consistió en esclarecer y fijar la distinción conceptual e incluso terminológica entre la causalidad entendida como conexión de elementos dentro del sistema de la naturaleza y la imputación que designa el enlace formal entre antecedente y consecuente expresado a través de reglas jurídicas. (p. 10)

Por su parte, Trazegnies (1988) afirma en la misma línea de pensamiento anterior que,

KELSEN distinguió muy claramente esta doble naturaleza de la causalidad física y jurídica, reservando la palabra causa para el plano natural y la palabra imputación para el plano jurídico... lo importante en su tesis es la percepción de que la causalidad en Derecho se crea jurídicamente: es la ley o el derecho en general lo que determina que A sea causa de B; no estamos ante una comprobación sino ante una imposición. Por consiguiente, aun en los casos en que

> el Derecho reconoce como causa de algo aquello que constituye su causa natural, esto no es causa porque sea natural sino porque en ese caso particular el derecho ha conferido a la causa natural el carácter de causa jurídica. (p. 283)

La anterior línea de análisis resulta fundamental, pues se precisa que el derecho sí puede crear causas y no desde el plano fáctico, sino desde el plano jurídico, lo cual debe ser analizado con mucho cuidado. De ahí que, no se puede confundir la causalidad jurídica con la imputación, pues si bien son dos elementos que tienen en común la inclusión de premisas jurídicas para su análisis, es válido afirmar que las premisas son distintas en uno u otro evento. Pues las premisas que se valoran en la causalidad jurídica, son las que constituyen el juicio de reproche que tendría una relación de explicación causal con la causalidad física o con las dos relaciones de causalidad ya referenciadas, en otros términos, las premisas que se valoran son las causas físicas, mientras que en la imputación, se analizan las premisas causales como resultado, junto con las causas extrañas para determinar si la causa completa se puede o no imputar al demandado.

Otra precisión terminológica que resulta importante denotar, es que la causalidad jurídica en la tradición continental es lo que se ha denominado por algunos autores como las teorías individualizadoras entre las cuales podemos encontrar, la causalidad próxima, causalidad adecuada y/o lo que en la dogmática penal se ha denominado como la imputación objetiva. Todas ellas, se han desarrollado en el derecho colombiano como teorías de causalidad (Olivares Torres, 2017, p. 74), aunque técnicamente serían teorías de causalidad jurídica.

Ello autoriza a concluir que, el término que Kelsen desarrolló como imputación, en nuestra manera de ver no tiene el mismo significado del concepto de imputación que estipula el artículo 90 precitado propiamente en la RPE. Pensar lo contrario, sería partir de la premisa que los regímenes de responsabilidad objetivo y subjetivo, estarían subsumidos en el estudio de la causalidad jurídica, y tal y como se verá y como se indicó previamente, en el estudio de la causalidad jurídica se han utilizado las denominadas teorías individualizadoras, las cuales no son similares al estudio propio de los regímenes de responsabilidad, pues ello limitaría el mismo análisis de la responsabilidad.

Ahora bien, en relación con la clasificación de la causalidad existen dos modelos, el de la unificación de la indagación causal y el de la bifurcación de la indagación causal, los cuales comparten la premisa de que en el juicio de causalidad existen unas cuestiones fácticas y otras jurídicas. El desacuerdo radica en su relación lógica y pragmática como se verá, pues dicha clasificación que está ahí en la teoría y a pesar de tener un buen desarrollo, se ha cuestionado al presentarse una disputa más fuerte en relación de sí en el análisis de responsabilidad el estudio de la causalidad material y la jurídica es independiente, si uno es consecuente del otro, o si es un solo juicio de razonamiento.

En tal sentido, se han desarrollado principalmente dos modelos, el de la bifurcación de la indagación causal y el de la unificación de la indagación causal. Bárcena Zubieta (2014) sostiene en relación con lo anterior que:

> En el derecho de daños pueden identificarse al menos dos maneras de entender la causalidad. El enfoque dominante entiende que cuando el derecho establece que la causalidad es jurídicamente relevante para desencadenar alguna consecuencia normativa, en primer lugar tiene que constatarse empíricamente la existencia de un hecho: la presencia de un nexo causal entre dos eventos; y posteriormente, tiene que verificarse si ese hecho satisface determinados criterios normativos que puedan estar recogidos en la ley o en la jurisprudencia. La crítica a esta aproximación considera inadecuada la estructuración de la indagación causal en dos etapas sucesivas: una propiamente fáctica y otra normativa. Esta posición sostiene que debe mantenerse la distinción fáctico/normativo en la determinación de la existencia de relaciones causales, aunque asigna a esta dicotomía un papel diferente. (p. 185)

Indicado lo anterior, pasaremos a exponer las principales características de cada modelo.

3.3.1. La bifurcación de la indagación causal

En este modelo se parte de la necesaria clasificación entre causalidad física y causalidad jurídica y las particularidades radican en la relación que puede existir entre ellas, pues consiste en la determinación de dos cuestiones, una de hecho y otra normativa. Al respecto, Bárcena Zubieta (2014) indica lo siguiente:

> [...] de acuerdo con este modelo, en primera instancia se dirime una cuestión puramente empírica o fáctica: determinar si un evento ha sido causa de otro; mientras que en un segundo momento se acude a criterios normativos para establecer la relevancia jurídica de una causa. Dicho de otra manera, en un primer momento lo que se reclama es una explicación acerca de cómo

> ocurrió un resultado dañoso, para luego establecer si ese resultado se puede atribuir jurídicamente a alguien. (p. 185)

En este modelo se tiene como primer nivel de análisis la causalidad fáctica y en un segundo nivel la causalidad jurídica, pero ello no es del todo unificado en cuanto a su análisis. Ferrer (2014) por su parte precisa que se pueden identificar al menos tres formas de trazar esa diferencia con consecuencias claramente distintas:

> En un primer sentido, se califica como jurídicamente a aquella relación causal material que ha sido declarada jurídicamente, en un segundo sentido, la causalidad material es un presupuesto de la causalidad jurídica. Finalmente, en el tercer sentido, se entiende la causalidad material como el ámbito de lo fáctico, mientras que la causalidad jurídica se dirime bajo el criterio de imputabilidad al sujeto del resultado dañoso. (p. 218)

De las tres anteriores formas que precisa Ferrer, consideramos que la más ajustada al modelo estricto de la bifurcación de la indagación causal es el segundo. Lo anterior, por cuanto parte necesariamente de que la causalidad material es un presupuesto de la causalidad jurídica; no obstante, una cuestión en la que se debe entrar en debate es si la causa material es la condición necesaria de un conjunto de condiciones suficiente, pues como se verá existen múltiples criterios de análisis para determinar si una condición es causa material o no, y no todas acuden a dicho criterio descrito por Ferrer.

En relación con el primer criterio, de que si la causa material fue declarada jurídicamente sea por el legislador o por lo judicial, se tomaría automáticamente dicha causa como jurídica. Consideramos que este criterio, más que corresponder al de la bifurcación de la indagación causal, obedece al criterio de unificación de la indagación causal, pues en realidad no existe una distinción en dos pasos del análisis, sino que es uno solo.

El tercer criterio, en nuestro parecer estaría totalmente desligado de la bifurcación de la indagación causal, pues a diferencia del primero, en éste al asimilarse la imputación con la causalidad jurídica, incurre en una confusión que estarían dejando de lado el análisis jurídico de los regímenes de responsabilidad. Al respecto, Gil Botero (La teoría de la imputación objetiva en la responsabilidad extracontractual del Estado, 2013), señala:

> [...] antes de abordar el análisis de la imputación jurídica o el fundamento de la responsabilidad, es imprescindible que la lesión o afectación antijurídica

> esté radicada en cabeza de la entidad o del sujeto pasivo. Una vez constatado lo anterior, es posible abordar el análisis sobre la imputación jurídica, esto es, si existe o no, un fundamento normativo que concrete, en el caso específico la obligación de resarcir el daño antijurídico. (p. 474)

Dicho fundamento normativo del que habla el autor, no es el mismo de la selección de causas materiales que se realiza en la causalidad jurídica, pues se reitera, en la imputación se analizan los regímenes de responsabilidad. No obstante, Ferrer (2014) termina por estipular que "quizás fuera una operación de sana terapia lingüística abandonar la distinción en cualquiera de sus tres acepciones y hablar, más bien, de causas (materiales) jurídicamente relevantes y de causas (materiales) jurídicamente irrelevantes" (p. 218). La anterior acotación aunque parezca dar una solución, lo válido es afirmar que se puede entrar pragmáticamente en una controversia aún más tediosa, consistente en identificar bajo qué criterios se puede determinar, qué se entiende por causas materiales jurídicamente relevantes y cuáles serían irrelevantes.

Por lo pronto, es dable estipular que "existen unas cuestiones que son empíricas y otras que son normativas. Las primeras se esclarecen utilizando pruebas y las segundas apelando a criterios morales o jurídicos" (Bárcena Zubieta, 2014, p. 187). Es así que, la estipulación más aceptada de la bifurcación de la indagación causal es la segunda tesis que enlista Ferrer y la cual se comparte en un sentido teórico, pues el análisis de la causalidad jurídica se debe realizar en relación con una condición que fácticamente es causa, aunque ahí está el problema-teórico práctico. Una vez aclarado lo anterior, encontramos que lo precisado tanto Bárcena, como por Ferrer con el segundo criterio, se comparte también por Casals (2020) al indicar lo siguiente:

> [...] en la mayoría de los ordenamientos jurídicos de nuestro entorno la determinación de la relación de causalidad se lleva a cabo en dos fases o etapas. La primera, conocida generalmente como determinación de la "causalidad de hecho", tiene por objeto identificar si la conducta o actividad (en adelante, actividad) de quien ha actuado ha dado lugar al daño sufrido por la víctima demandante. La segunda etapa, denominada de determinación de la "causalidad jurídica", de la "causalidad próxima", de la "imputación objetiva" o del "alcance de responsabilidad", entra en juego cuando ya se ha establecido la causalidad fáctica de acuerdo con las reglas aplicables a la primera fase y lo que se plantea es si podría resultar excesivo o no atribuir al causante del daño todas las consecuencias perjudiciales que derivan de esa causalidad fáctica. (p. 222)

En esos términos, la causalidad física se constituirá como una condición necesaria, de la causalidad jurídica, pues para realizar la valoración jurídica de la selección causal o para seleccionar la que resulte jurídicamente relevante, es necesario que no existan dudas en relación con la causalidad física, pues de lo contrario se estaría agotando un juicio jurídico no en una premisa fáctica causal, sino en una mera condición o en el peor de los casos, en una mera asociación de eventos. En palabras de García Amado (2011-2012):

> No todo el que causa responde. De entre todas las acciones -y sus correspondientes sujetos- que se incluyen en la cadena causal que desemboca en el daño, el sistema jurídico, sea por vía legal o jurisprudencial, realiza una selección, de modo tal que no todo lo que empíricamente y en un sentido propio es causa se considera jurídicamente como causa. Si todo el que con su obrar se inserta en la secuencia causal que conduce a una desgracia fuera jurídicamente responsable, como venía a indicar la llamada teoría de la equivalencia de condiciones, la cadena de responsabilidad sería tan larga como esa cadena causal. De ahí que la doctrina y la jurisprudencia hayan tenido que podar la causalidad empírica para conformar el concepto jurídico de causalidad que funciona para la atribución de responsabilidad jurídica. Doctrinas como la de la causalidad adecuada no son propiamente teorías sobre la causalidad, sino criterios de imputación de la responsabilidad jurídica, pues vienen a establecer que sólo se podrá juzgar como jurídicamente responsable del daño a quien se encuentre en una cierta posición en la cadena de la causación empírica del hecho.

Fíjese que el autor indica que las teorías individualizadoras no son propiamente teorías de causalidad, sino criterios de imputación jurídica. Consideramos que está tomando el concepto de teorías de la causalidad únicamente en un aspecto eminentemente fáctico o material, más no con la estipulación que se sigue de los demás autores.

Como referencia a lo anterior, se aprecia que en la literatura de la filosofía del derecho González Lagier (2007), distingue los aspectos naturales y normativo de la causalidad: "la relación entre todo el contexto causal y el efecto es una relación natural, en el mundo físico, mientras que la selección de una de las condiciones que integra el contexto como causa del efecto es una cuestión normativa".

La bifurcación de la indagación causal consiste entonces, en la determinación de dos cuestiones, una de hecho y otra normativa o valorativa pero condicionadas una de la otra. Es decir, en el estudio de la causalidad en el caso concreto, se debe como primer nivel determinar qué condiciones desde un punto de vista fáctico se presentaron y cuál de todas ellas se constituye en causa de hecho o fáctica y, en un segundo nivel, de la o las causas fácticas que queden probadas, se acudiría a un criterio de causalidad jurídica para determinar la relevancia jurídica a través de la relación de explicación causal y así, pasar al elemento de la imputación en sentido estricto.

3.3.2. La unificación de la indagación causal

Como se pudo observar, la bifurcación de la indagación causal parte necesariamente de dos escenarios de conocimiento para llegar a la conclusión de si existe causa imputable. Una alternativa que se ha dado a dicha estipulación es la de la unificación de la indagación causal. Al respecto, Bárcena Zubieta (2014, p. 189) precisa en relación con este criterio las siguientes ideas que por ser de relevancia se traen en sentido literal:

- Es posible considerar que la distinción entre cuestiones de hecho y cuestiones normativas es una distinción importante para el derecho en general y particularmente para la aproximación jurídica de la causalidad y, al mismo tiempo, sostener que el modelo de la bifurcación causal es erróneo e inadecuado para el derecho. Sobre estas premisas se articula un modelo alternativo que se apoya en un entendimiento de la causalidad distinto al postulado por el modelo dominante. Una de las notas distintivas de este modelo alternativo es que no se trata de una propuesta teórica desarrollada por juristas. A pesar de estar pensado para operar en el derecho, el modelo de la unificación de la indagación causal es una aportación de filósofos generales que han visto en el derecho un inmejorable banco de pruebas para sus ideas en torno a la causalidad y la explicación causal.
- El modelo alternativo tiene dos componentes: por un lado, una parte crítica que impugna el modelo de la bifurcación causal con distintos argumentos que muestran su carácter insatisfactorio; y por otro lado, también elabora una propuesta de aproximación a la causalidad que intenta mostrar que los enunciados causales singulares que se utilizan en el derecho son inseparables de los juicios de relevancia implícitos en nuestras prácticas cotidianas de seleccionar causas. (p. 189-190)

- La argumentación que se ofrece desde este modelo puede reconstruirse de la siguiente manera: (1) en primer lugar, cuestiona que la determinación de la causalidad fáctica sea una actividad exclusivamente empírica; (2) apunta las dificultades del modelo dominante para identificar hechos causales al margen de ciertos juicios de relevancia; (3) rechaza que la causalidad jurídica se guíe únicamente por principios normativos; (4) y finalmente, propone un modelo contrastivo de causalidad que traza la distinción entre cuestiones de hecho y cuestiones normativas de modo distinto a como lo hace el modelo dominante. (p. 190)

Igualmente, explica Bárcena lo siguiente:

> [...] el modelo parte de la distinción entre los aspectos objetivos y subjetivos de la explicación causal para trazar de otra forma la distinción entre los aspectos fácticos y normativos de la causalidad en el derecho. En esta línea, la parte objetiva constituirá el ámbito fáctico de la indagación causal y la parte subjetiva estaría determinada por consideraciones normativas. Una explicación es subjetiva porque depende de nuestros intereses establecer qué pregunta se quiere responder y, por tanto, qué contraste se especifica a esa pregunta. En este sentido, la parte normativa de la indagación causal estaría fijada por el contraste apropiado para el derecho en cada caso. Una vez fijado el escenario de contraste, es una cuestión objetiva si una respuesta constituye la diferencia entre lo que realmente ocurrió y el contraste. (p. 204)

Teniendo en cuenta lo anterior, consideramos que el modelo de la unificación de la indagación causal más que aportar una metodología de análisis a la indagación causal, genera más confusión, pues si bien no se realiza el juicio causal de manera separada como ocurre en la bifurcación de la indagación causal, se realiza un análisis de las cuestiones de hecho separadas de las cuestiones normativas o de derecho.

Es por ello que, compartamos la idea de que en la indagación causal el análisis de las cuestiones de hecho y las normativas se tienen que dar por separado, y que la primera es una condición necesaria de la segunda.

Bajo esa tesitura, se procederá a desarrollar en los capítulos cuarto y quinto los criterios de causalidad física y jurídica que nos permitirán tener mayores elementos a la hora de analizar la relación de causalidad y la relación de explicación causal. Igualmente, nos permitirá justificar la premisa que en la relación de explicación causal no resulta necesario ni pertinente, utilizar las teorías de la causalidad jurídica tradicionalmente desarrolladas.

Capítulo cuarto

Criterios de causalidad física y su influencia en el análisis de la relación de causalidad

4.1. PLANTEAMIENTO

La causalidad física dentro de un criterio de bifurcación de la indagación causal se vale de múltiples teorías para determinar si una condición es causa material y para ello, es claro que el criterio dominante es que sea necesaria. La discusión como se anotó, está en el proceso de análisis de qué se considera por necesaria.

Consideramos que no existe una respuesta plausible en relación de cuál de las teorías de causalidad física es la más apropiada para seguir al segundo nivel de análisis como lo es la causalidad jurídica, pues en todo caso dependerá si existe una sobredeterminación o no, o cual es la pregunta contrafáctica que se analiza. En todo caso, al determinarse qué condición es la causa física tenemos que observar si nos encontramos ante un caso se certidumbre o incertidumbre causal, pues ello incide en gran medida en el análisis de la condición.

De ahí que, el problema de la causalidad física se limita a un aspecto eminentemente probatorio, pues debe quedar acreditado cuál fue el hecho dañino que generó el daño reclamado en un primer escenario, y posteriormente, cuál actuación generó o incidió en la estructuración del hecho dañino. Lo anterior, en atención a que uno de los aspectos que consideramos que debe ser afinado en su interpretación y aplicación, es el análisis de la relación de causalidad, pues normalmente se realiza entre la actuación imputada y el daño, lo cual desconoce que existe un elemento que marca la pauta de qué se puede considerar como causa física, y es precisamente el hecho dañino.

En tal sentido, pasaremos a analizar el criterio contrafáctico simple y algunos criterios modificados por el derecho que sirven para analizar los casos en los que se presenta una sobredeterminación o tenemos incertidumbre causal, pues se reitera, dichos escenarios no pueden ser analizados bajo una concepción contrafáctica simple, pues no sería tan fácil determinar cuáles serían las condiciones y cual sería necesaria. En todo caso, se estipula que sea cual sea la teoría de causalidad física que se acoja para la determinación causal, se debe realizar dicho análisis de relación de causalidad entre (i) el hecho dañino y el daño y (ii) la actuación[1] y el hecho dañino.

4.2. CRITERIO CONTRAFÁCTICO SIMPLE: *TEST DE LA CONDITIO SINE QUA NON* O *TEST BUT FOR*

Como se advirtió, el criterio contrafáctico simple es el dominante en el estudio de la causalidad física, pues permite determinar si una condición (hecho A) es causa de una consecuencia (hecho B) desde el punto de vista de la necesariedad. Es así que, este criterio puede ser utilizado tanto para determinar la relación de causalidad entre el hecho dañino y el daño, como tambien para analizar la relación de causalidad entre alguna actuación y el hecho dañino, siempre y cuando no se presente la incertidumbre causal.

Moore (2011) al referirse al criterio contrafáctico simple sostiene lo siguiente:

> [...] el criterio dominante para la causalidad física es el de conditio sine qua non, a veces este criterio es también llamado el de la condición necesaria, porque exige que la acción del agente haya sido necesaria para la muerte de la víctima (por ejemplo). El criterio parece aislar algo que, en apariencia, nos preocupa mucho, tanto al explicar eventos como al adscribir responsabilidad por ellos: ¿marcó una diferencia el acto del agente? (p. 140)

---

1 Puede ser del Estado, de la víctima, de un tercero o sin intervención humana.

De ahí que, este criterio parte del análisis de las condiciones desde un punto de vista contrafactual, esto es, determinar si una condición es o no necesaria dentro del juicio causal desde un punto de vista material. Coleman (2010) al respecto precisa:

> Los juristas analizan la causalidad natural, o la causa metafísica, lo que llaman la causa de hecho, en términos del test sine qua non. A es una condición sine qua non de B sí, y sólo si, B no hubiese ocurrido de no ser por A. El daño que las vacas causan al maíz no se hubiese producido de no ser por el ganado salvaje; pero tampoco hubiese ocurrido de no ser porque el maíz está en un lugar en el que puede ser destruido por el ganado. Tanto la ganadería como la agricultura son actividades sin las cuales el daño no se habría producido; el daño a una de ellas no tendría lugar si no fuera por la otra. (p. 276)

Fíjese que uno de los grandes interrogantes de este test es determinar qué se entiende por necesario, pues la fórmula es clara en sostener que para que una condición sea causa física de un daño, debe ser necesaria, pero no se define qué se entiende por necesaria. Al respecto, Ferrer (2014) sostiene que:

> [...] en efecto, las formas para probar A y B, por un lado, y para probar el nexo causal, por el otro, quedarán impactadas por la distinta naturaleza de los primeros y de este último. Pero ¿bajo qué condiciones podemos decir que un evento A ha causado otro evento B? Creo que puede decirse sin demasiado riesgo de error que la concepción ampliamente dominante es la de la conditio sine qua non (o but for test), para la que A es causa de B sí, y sólo si, de no haberse producido A no se habría producido B. Dicho de otro modo, A debe ser una condición necesaria para que se dé B. (p. 217)

Lo anterior en términos lógicos sería una conjunción entre "A y B", y solo será verdadera cuando las dos premisas lo sean, pero si la premisa B que sería el daño es falsa, la conjunción sería falsa y por ende, la condición necesaria no se daría, pues al determinarse que "A" debe ser una condición necesaria para "B", es claro que la premisa "B", no podría ser falsa, pues de lo contrario no se daría el condicional necesario. Battista Ratti (2014) al analizar el contrafático utilizado en este test considera lo siguiente:

> Uno de los test principales generalmente usados en ámbito jurídico para determinar una relación causal entre dos eventos es usualmente formulado mediante un condicional contrafáctico. Según dicho criterio, un cierto acto (comisión, omisión, etc.) es una causa de un daño sí, y sólo sí, de no haber tenido lugar ese acto, el daño no se habría producido. Dicho de otro modo, los enunciados causales podrían ser formulados como condicionales contrafácticos del tipo «Si x no hubiese ocurrido, tampoco se habría realizado y». (p. 96) [fin de cita]

La anterior enunciación es la que hace que la utilización de este test no resulte tan persuasiva, pues para que esta fórmula pueda tener una utilidad práctica se requiere que exista una sola premisa verdadera "A" con una consecuencia "B" verdadera. Es decir, este test parte de una conjunción entre dos premisas de modo que si no se da la premisa "A", tampoco se daría la premisa "B", y en el evento en que se presenten múltiples premisas "A" como en los casos de sobredeterminación es difícil determinar la conjunción.

Consideramos que la fórmula tendría más utilidad si se realiza el análisis a *contrario sensu*, es decir, no preguntarse si "Si A no hubiese ocurrido, tampoco hubiese ocurrido B", pues ahí radica el problema por cuanto la premisa "A"[2], puede generar múltiples consecuencias "B"[3] y nuestro análisis debe estar concentrado en el daño reclamado en el proceso, pero si el contrafáctico se aprecia en el sentido de que "B no hubiera ocurrido, si no hubiera ocurrido A", varía el análisis, pues se toma como punto de partida el daño y lo que desde el punto de vista fáctico lo hubiera generado en términos necesarios.

De ahí que, su denominación del criterio contrafáctico simples pues parte del análisis de una sola premisa como condición necesaria de otra, por lo que no se podría utilizar ni en casos de sobredeterminación, ni en casos de incertidumbre causal, pues si no tenemos la prueba de que la premisa (A) es verdadera o no la tenemos identificada, no se podría iniciar dicho análisis contrafactual.

Al respecto, Moore (2011) precisa 4 problemas que se presentan en el análisis de esta teoría:

a. Cuestiones de prueba y verificación. En relación con la prueba de la causalidad, se precisa que "como es un elemento cuya presencia sirve para establecer prima facie que hay un caso, la causalidad física debe ser acreditada por la parte que tiene la carga de la prueba" (p. 141). De ahí que, la víctima al tener la carga de la prueba podría pensarse que en algunas ocasiones estaría en desventaja, pues al realizarse un análisis contrafáctico se precisa que los mismos "por su naturaleza son difíciles de ser probados con algún grado de certeza, porque exigen

---

2 Entendida como el hecho dañino.

3 Entendida como el daño.

que el investigador especule con respecto a lo que habría pasado si el imputado no hubiera hecho lo que hizo" (p. 141).

b. Indeterminación en el significado del criterio. Siguiendo la anterior línea de pensamiento, se tiene que "los juicios contrafácticos son muy vagos. Su vaguedad se da con respecto a la especificación del mundo posible en el cual debemos poner a prueba el contrafáctico" (p. 142). Si queremos que los criterios contrafácticos sean lo suficientemente determinados como para que una respuesta prevalezca sobre otra, debemos asumir que compartimos la capacidad para especificar algún mundo posible "similar" al mundo real y que es en ese mundo posible, donde nos hacemos la pregunta contrafáctica (p. 142).

c. Es sobreincluivo. El criterio contrafáctico parece demasiado poco severo con respecto a lo que cuenta como causa. La crítica es, entonces, que el criterio es sobreinclusivo, es decir incluye todo suceso como causa sin límites pues para la producción de cualquier evento, son necesarias condiciones remotas innumerables (p. 142). De ahí que, si un evento o condición se constituye como necesaria por más remota que sea se tiene como causa física del daño desde el punto de vista contrafactual.

d. Es subinclusivo. Se le critica que el criterio contrafáctico parece demasiado estricto con respecto a lo que cuenta como causa en atención a su sobreinclusividad causal desde la condición necesaria. Es decir, si no es necesario no es causa, por más que sea suficiente (p. 143).

Para entender mejor lo anterior, es importante referirnos a la sobredeterminación causal y a sus distintas acepciones. La sobredeterminación parte de la existencia de múltiples condiciones o premisas A, el problema se presenta en la relación de las mismas y en la incidencia para que alguna, todas o ninguna pueda considerarse como causa física. Al respecto, tal y como nos lo precisa Moore se han distinguido varias clases de sobredeterminación: causas concurrentes, causas anticipadas y la asimétrica. Al respecto, Casals (2020) sostiene:

> [...] la sobredeterminación problema también conocido como causas duplicadas reales, causas concurrentes o causas múltiples suficientes, ocurre cuando hay múltiples actividades (X e Y) y cada una de ellas es suficiente por sí misma para causar el mismo daño al mismo tiempo... piénsese por ejemplo en el caso de dos cazadores que, pensándose que disparan a un pájaro, disparan

a la vez sobre un caminante, o de los dos fuegos que queman simultáneamente una casa, y cualquiera de los dos disparos o de los dos fuegos hubiera sido suficiente para causar el daño. En estos casos, el enfoque contrafactual de la csqn conduciría al resultado contraintuitivo de que ninguna de esas actividades causó el daño, ya que si X no hubiera actuado, el daño lo habría causado de todos modos lo actividad Y y, viceversa, si Y no hubiera actuado, entonces lo habría causado la actividad X. (p. 231-232)

Teniendo en cuenta lo anterior, pasaremos a analizar de una manera breve cada una de ellas.

4.2.1. La sobredeterminación por causas concurrentes

En este tipo de sobredeterminación no existiría la concausa porque ninguna de las causas a pesar de que serían suficientes, no serían necesarias y para la teoría de la *conditio sine qua non* se requiere una condición necesaria. En otras palabras, en esta determinación tenemos dos causas independientemente suficientes y temporalmente en un mismo escenario contrafactual. Moore (2011) indica al respecto lo siguiente:

Dos incendios, dos disparos, son factores suficientes cada uno de ellos, para quemar, asesinar. El Agente solo es responsable por un incendio o disparo. Pero su incendio o disparo se unen al otro y ambos, simultáneamente, causan los daños. Para el análisis contrafáctico, el incendio o disparo del agente no fue la causa del daño, porque no era necesario para su producción; después de todo, el otro incendio o disparo era, por sí mismo, suficiente. Lo mismo puede decirse con respecto al segundo incendio o disparo. Así es para que el criterio de la conditio sine qua non, ninguno de ellos fue la causa y esto es absurdo. (p. 143)

4.2.2. La sobredeterminación por causas anticipadas

En la sobredeterminación anticipada al no contarse con una causa necesaria se descarta igualmente, a pesar de que fácticamente fuera suficiente teniendo en cuenta las circunstancias de tiempo, modo y lugar. En esta sobredeterminación la conclusión contraintuitiva es más severa que la anterior, pues la condición que se juzga o analiza sí se presentó desde un aspecto de certeza material, pero como se presentó otra condición no desde la certeza sino desde la probabilidad de ocurrencia, se termina concluyendo que la primera causa a pesar de ser suficiente y materialmente diríamos, causante del daño, no se constituye en necesaria porque otra condición probablemente hubiera intervenido con los mismos efectos. Moore (2011) indica al respecto lo siguiente:

> Aquí las dos supuestas causas no son simultáneas, sino que están ordenadas temporalmente. El incendio del agente llega primero y quema el edificio de la víctima; el segundo incendio llega poco después, y habría sido suficiente para quemar el edificio, pero ya no había edificio para quemar. Aquí, nuestras intuiciones son tan claras como en los casos de sobredeterminación concurrente, pero son diferentes: el incendio del agente causó el daño, y el segundo incendio no lo hizo. Pero el análisis contrafáctico, otra vez, conduce a la conclusión contraintuitiva de que ninguno de los incendios causó el daño, porque ninguno de ellos fue necesario (habiendo sido cada uno suficiente para el daño). (p. 143)

Al respecto, Prades (2014) precisa en relación con esta clase de sobredeterminación lo siguiente:

> La idea de que normalmente un efecto no tiene diversas causas completas independientes está vinculada a la idea de que una causa es necesaria para el efecto. Y la literatura contemporánea muestra las dificultades que hay a la hora de ofrecer un análisis reductivo de tal conexión. Dejando a un lado los casos obvios de sobredeterminación, nos encontramos con casos mucho más habituales en los que diríamos que el efecto se habría producido aun sin la intervención de la causa. Dos matones acechan a la misma víctima, y el hecho de que uno de ellos cometa el asesinato antes de que pueda actuar el segundo impide que este último asesine: no se puede matar a alguien que acaba de morir. (p. 32)

Con lo anterior, Prades pretende realizar una crítica a dicho criterio de sobredeterminación anticipada y proponer una solución de análisis, de lo que se resalta que los hechos de análisis no varían, solo varía la manera de analizarlos.

4.2.3. La sobredeterminación por causas asimétricas

Este tipo de sobredeterminación se sitúa en medio de la concurrente y de la anticipada. Es decir, en esta sobredeterminación tenemos dos condiciones que se presentan de manera concurrente, con la diferencia de que una es necesaria y suficiente, y la otra no es ni necesaria, ni suficiente en relación con el daño. Moore (2011) indica al respecto lo siguiente:

> Supóngase que el agente apuñala, no mortalmente, a la víctima, al mismo tiempo que otro agente apuñala mortalmente a la misma víctima; la víctima

> muere desangrada. La herida no mortal que infligió un agente ¿causó la muerte de la víctima? No, de acuerdo con el análisis contrafáctico: dada la suficiencia de la herida mortal, la herida no mortal no era necesaria para la muerte y por lo tanto no fue una de sus causas. (p. 143)

La conclusión lógica a la que se puede llegar en relación con la sobredeterminación causal, no puede ser otra que al analizarse de manera estricta el criterio de qué se considera condición necesaria y qué no, nos llevan a conclusiones contraintuitiva, por lo cual, se debería analizar de manera cuidadosa, y aunque normalmente se ha indicado que la relación de causalidad o el nexo causal se da entre la actuación y el daño, en nuestra opinión, ello conlleva a múltiples confusiones en la práctica, por lo cual, para evitarlas y aún en los casos de sobredeterminación, se recomienda realizar los dos análisis de relación de causalidad, dentro del marco de la causalidad física.

Teniendo en cuenta lo anterior, se pasará a analizar algunas alternativas de este criterio contrafáctico que permiten analizar la causa física cuando se presentan estas situaciones.

4.3. CRITERIO DE *INUS* O *NESS*

Este criterio nace como una respuesta a los casos de sobredeterminación, pues como se observó, dichos casos no pueden ser analizados bajo el criterio contrafáctico simple pues llevaría a soluciones ilógicas particularmente, en la relación de causalidad entre la actuación y el hecho dañino. De ahí que, ante la advertencia de que se presenten varias premisas A1, A2, A3[4], etc., se desarrolló Criterio de *INUS* o *NESS*, no para desconocer[5], el criterio contrafáctico simple, sino que partiendo de dicho criterio, darle solución a los problemas que se presentan como quedó advertido previamente, pues es claro que no todos los casos pueden ser resueltos bajo un mismo criterio. De ahí que, pasaremos a describir lo que algunos autores consideran respecto a dicho criterio.

---

4 Serían actuaciones del Estado, de un tercero, de la víctima o hechos de la naturaleza.

5 En nuestra manera de ver.

Al respecto, Ferrer (2014) sostiene que:

> [...] para resolver estos problemas se han propuesto diversas variantes de aquella concepción, entre las que se destaca la formulada por MACKIE (1965) como INUS (Insufficient but necessary part of an Unnecessary but Sufficient Condition) o por WRIGHT (1985) como NESS: A es una condición necesaria de una cadena causal que, en su conjunto, es condición suficiente para que se produzca B (A, por tanto, sería una condición contribuyente de B). Ahora bien, como MILL puso de manifiesto de modo especialmente claro en referencia a la concepción de la conditio sine qua non, toda condición necesaria, por remota que sea en la cadena causal, merecería el mismo calificativo de causa desde un punto de vista científico y filosófico. En términos del test NESS, todas ellas son condiciones necesarias de una cadena causal que es, en conjunto, suficiente para producir el efecto. (p. 217)

Battista Ratti (2014) por su parte considera:

> El test NESS afirma que una condición particular es causa de una consecuencia específica si y sólo si constituye un elemento necesario de un conjunto de efectivas condiciones suficientes para la ocurrencia de la consecuencia. En suma, algo es causa de un cierto evento si es condición contribuyente de él.
>
> Siendo esto así, el test NESS quizá pueda ser reconstruido de la siguiente manera: si A es una condición contribuyente de B, tiene que haber un conjunto de circunstancias E que es, junto a A, suficiente para que se dé B. En consecuencia, la Ley causal sería "Si A y E, entonces B. (p. 97)

Moore (2011) precisa en relación con este criterio lo siguiente:

> [...] un evento c causa un evento en sí, y sólo si, c es un elemento necesario de un conjunto de condiciones suficientes para e. Es el análisis de la suficiencia lo que supuestamente termina con los problemas de la sobredeterminación. En los casos de causas concurrentes, cuando los dos incendios se unen para quemar la casa de la víctima, se dice que cada incendio es un elemento necesario de su propio conjunto suficiente, por lo que cada incendio es una causa. En los casos de anticipación, cuando los dos incendios no se unen y uno llega primero, el primer incendio es un elemento necesario de un conjunto suficiente, y por eso es la causa; pero el segundo incendio no lo es, porque no es parte de un conjunto suficiente. (p. 144)

Como se aprecia, este test toma como necesaria la condición que en el criterio contrafáctico simple se toma como suficiente y, en tal sentido, sería causa física el elemento necesario de un conjunto de condiciones suficientes. Fíjese que la gran diferencia radica en el concepto de condición necesaria, pues dependiendo de dicha estipulación arbitraria se daría una u otra acepción. Este criterio es el que Moore denomina criterio de suficiencia nómica, una de las teorías generales de la causalidad particular que la reduce a leyes causales generales, sin valerse, esencialmente de contrafácticos, los cuales en palabras de Battista Ratti (2014) "se entiende un enunciado condicional cuyo antecedente no se materializó en el pasado, a pesar de que podía haberse materializado" (p. 78).

Es así que, este criterio responde a una necesidad pragmática de identificar la o las causas físicas de los daños a partir no de una sola premisa que puede ser necesaria, sino a partir de múltiples premisas que todas ellas sean necesarias dentro de un conjunto de condiciones suficientes.

Consideramos que test NESS ofrece una respuesta plausible en la resolución de los casos, pues en la gran mayoría se presentan múltiples condiciones con vocación de ser causas físicas. La cuestión radica en si este test es el ideal para analizar la relación de causalidad entre la actuación y el hecho dañino, o entre el hecho dañino y el daño.

En Colombia, se podría asimilar test NESS al concepto de solidaridad entre deudores establecido en el artículo 2344 del Código Civil:

> Si de un delito o culpa ha sido cometido por dos o más personas, cada una de ellas será solidariamente responsable de todo perjuicio procedente del mismo delito o culpa, salvas las excepciones de los artículos 2350 y 2355.

Fíjese que este artículo recoge la esencia del test, pues parte de la premisa que en el evento de que existan múltiples causantes del daño, en el momento de la imputación y del pago del daño, todos serán responsables entre sí, pero sin hacer referencia a que la conducta causante de uno, excluye a la otra.

Igualmente, encontramos que el inciso cuarto del artículo 140 del CPACA, estipula un escenario de concurrencia causal:

> En todos los casos en los que en la causación del daño estén involucrados particulares y entidades públicas, en la sentencia se determinará la proporción por la cual debe responder cada una de ellas, teniendo en cuenta la influencia causal del hecho o la omisión en la ocurrencia del daño.

De lo anterior, surge una cuestión y es si la concurrencia causal tiene su esencia en la lógica del test NESS; al respecto, consideramos que sí, pues al determinarse que existen múltiples causas se parte de una premisa implícita y es que todas ellas desde el punto de vista físico son necesarias, pero no necesarias y suficientes, sino necesarias dentro de un conjunto de condiciones suficientes. En los eventos en los cuales solo existe una causa física necesaria no resultaría justificado acudir a la concurrencia causal, pues es lógico que no se presenta la misma.

Dicho en forma breve, al analizarse la relación de causalidad entre la actuación y el hecho dañino sería dable utilizar el test NESS y sería una condición causal del hecho dañino, solo si es contribuyente de él.

4.4. EFECTO DE MOLINO FINO

Otra teoría desarrollada para la causalidad física es el efecto de molino fino, al respecto, precisa Moore (2011) en relación con este criterio lo siguiente:

> [...] no debe preguntarse si el daño habría ocurrido si no fuera por el acto del agente; debe preguntarse, en cambio, si un daño descrito más particularmente habría ocurrido sin él. En los casos de causas concurrentes en el que dos incendios, suficientes de manera independiente, se unen para quemar la casa de la víctima, no debe preguntarse si el incendio generado por el agente fue necesario para la destrucción de la casa de la víctima; debe preguntarse, en cambio, si el acto del imputado fue necesario para la destrucción de la casa de la víctima donde, cuando y de la manera en que fue destruida. (p. 144)

En cuanto a los casos de sobredeterminación anticipada, se introduce una estipulación acerca del momento del evento: si el acto del agente fue necesario para que la destrucción de la casa fuera anterior a lo que hubiera sido de otra manera, entonces esa fue la causa; pero si el acto fue solo necesario para que la destrucción de la casa aconteciera en uno u otro momento, su acto no fue necesariamente, la causa.

En este criterio se resalta que la conclusión de si una condición es o no necesaria, parte del análisis del propio caso no tanto desde un plano contrafáctico, sino desde un aspecto objetivo, lo cual tendría un problema, pues revisándolo de manera particular y no abstracto se podría caer en la equivocación de no darle la categoría de necesaria a una condición que sí la es. Igualmente, esta teoría analiza la relación de causalidad desde la conducta del agente y el daño, sin hacer referencia al hecho dañino.

Igualmente, consideramos que la lógica de este criterio es similar a la de la *conditio sine qua non,* pues parte de un criterio de necesidad causal al estructurar su fórmula en un contrafáctico "si un daño descrito más particularmente habría ocurrido sin él". Dicha indagación no es otra, que determinar si cierta condición es o no necesaria en el entendido de que, si el daño habría ocurrido sin él, es claro que no es necesaria.

4.5. CRITERIO DEL FACTOR SUSTANCIAL

Se precisa que en el derecho de daños, el criterio de la *conditio sine qua non* debe ser sustituido por un criterio de factor sustancial, como el criterio de la causalidad física. Al respecto, Moore (2011) indica:

> Este criterio sólo inquiere sobre si una acción del imputado fue un factor sustancial para la producción del daño por el cual se reclama, ha sido propuesto como ayuda para los casos de sobredeterminación como el de los incendios conjuntos, porque en la medida en que cada incendio fue lo bastante sustancial en comparación con el otro incendio, cada uno de ellos fue la causa del daño, aun cuando ninguno fuese una condición necesaria del daño. (p. 146)

De ahí que, la calidad de ser una condición necesaria, en otras palabras, es suficiente para ser una causa física. Pero ostentar la calidad de ser una condición necesaria no es necesario para ser la causa de algo, por lo que un factor puede ser sustancial aun si no es una condición necesaria.

La anterior teoría presenta un inconveniente pragmático, pues no se podría determinar claramente que es un factor sustancial, o si tiene varios grados, o la diferencia con una condición necesaria. Es decir, se podría estipular que toda condición necesaria es un factor sustancial, pero no todo factor sustancial es una condición necesaria.

Consideramos que la solución que se pretende dar con la teoría del factor sustancial, puede ser resuelta de una manera menos problemática con el test NESS, pues es claro que en el análisis de la causalidad física no se puede caer en la equivocación de considerar que todas las condiciones deben ser necesarias de manera unívoca para considerarse causas de algo, pues ante los casos de sobredeterminación lo más apropiado es considerar dichas causas necesarias dentro de un conjunto de condiciones suficientes.

4.6. INCERTIDUMBRE CAUSAL

Un aspecto de la causalidad física que presenta mayores inconvenientes que los casos de sobredeterminación, es la incertidumbre causal, la cual se puede presentar en algunas ocasiones, (i) en relación con el hecho dañino que tiene relación de causalidad con el daño y/o (ii) en relación con la actuación que se pueda considerar premisa de la relación de causalidad con el hecho dañino.

Al respecto, Casals (2020, p. 242) sostiene en relación con la misma que se puede presentar básicamente de 5 maneras: (i) Causalidad alternativa con causante del daño no identificado, (ii) la incertidumbre no permite relacionar los causantes con las víctimas, (iii) casos de víctimas no identificadas y (iv) la pérdida de oportunidad. Nos vamos a referir de manera puntual a las dos primeras que en nuestra apreciación son las que más se presentan en la práctica en relación con el elemento causalidad.

4.6.1. Causalidad alternativa con causante del daño no identificado

Existe una pluralidad de posibles causantes del daño (D1-D3) a la víctima (P), cuando no todos o sólo uno de ellos lo ha causado, y se ignora quién ha sido.

> Ejemplo 1: D1 y D2 son dos cazadores que han salido a cazar de modo independientemente uno del otro y que disparan simultáneamente en dirección a unos arbustos tras los cuales se encontraba P. Uno de los dos disparos alcanza a P, hiriéndolo en un ojo. Resulta imposible establecer mediante pruebas de balística o de otro tipo cuál de los dos disparos hirió a P. La regla de la causalidad proporcional indicaría que D1 y D2 responden cada uno frente a P solo de acuerdo con la probabilidad de que causaron el daño, es decir, a falta de más datos para establecer la probabilidad, la mitad cada uno.
>
> Ejemplo 2: P realiza durante años actividades similares que conllevan una exposición similar al amianto o asbesto y trabaja 10 años para D1, 10 años para D2 y 20 años para D3. Después de esos 40 años se descubre que sufre fibrosis pulmonar. Está médicamente establecido que cuanto mayor es el tiempo de exposición al asbesto y mayor la cantidad aspirada, mayor es el riesgo de enfermedad. En principio, si la cantidad aspirada por unidad de tiempo es similar —por tratarse de actividades de exposición similares—, cada posible causante del daño responderá en función de la duración de la exposición (25% D1, 25% D2 y 50% D3). (p. 245-246).

Este tipo de incertidumbre causal se presenta de una manera frecuente en la práctica jurídica. Un ejemplo de ello se da en los casos en los que se reclama un daño sea muerte o afectación física, con ocasión al suministro de la vacuna COVID-19. Al respecto, en el Estado colombiano, se profirió la Ley 2064 del 2020, cuyo objeto es el de establecer la estrategia para la inmunización de la población colombiana contra la COVID-19. Dicha Ley en el artículo 4 estipula lo siguiente:

> ARTÍCULO 4. Consejo de Evaluación de las Reacciones Adversas a la Vacuna Contra la COVID-19. Créase, como parte del Instituto de Evaluación

> de Tecnologías en Salud–IETS, el Consejo de Evaluación de las Reacciones Adversas a la Vacuna Contra la COVID-19, para las vacunas que hayan sido suministradas por el Estado Colombiano.
>
> El Consejo de Evaluación tendrá por objeto evaluar la existencia o inexistencia de un nexo causal entre el evento adverso sufrido por un habitante del territorio nacional y la aplicación de la vacuna contra la COVID-19 por parte del Estado Colombiano.
>
> Dicho consejo contará con al menos cinco (5) consejeros expertos, quienes tendrán el apoyo técnico de un grupo científico dedicado por el IETS para la evaluación de los eventos generados por las vacunas contra la COVID-19. (Ley 2064, 2020, art. 5)

Fíjese que en su inciso segundo se establece un criterio de causalidad física, pero no en el sentido de imponer la carga a la víctima de probar que la vacuna de una marca o de un fabricante fue el causante de su evento adverso, sino que la prueba de la relación de causalidad de la que se estipula en este artículo está relacionada con la acción del Estado colombiano en realizar la acción legal y sin reproche obligacional de suministrar la vacuna con independencia de la acción u omisión del fabricante de la misma.

La precitada Ley 2064 de 2020 fue reglamentada por el Decreto 601 del 2 de junio de 2021, el cual en su artículo 3 define los efectos adversos de la vacunación y los clasifica en leves y graves:

> Evento adverso posterior a la vacunación: Es cualquier situación de salud (signo, hallazgo anormal de laboratorio, síntoma o enfermedad) desfavorable, no intencionada, que ocurra posterior a la vacunación/inmunización y que no necesariamente tiene una relación causal con el proceso de vacunación o con la vacuna. Se clasifican en eventos leves y graves.
>
> El evento es leve cuando aparece, por lo general, a las 24 o 48 horas de la aplicación de la vacuna, no pone en riesgo la vida del vacunado, se resuelve sin necesidad de tratamiento y no produce consecuencias a largo plazo o discapacidad.
>
> El evento es grave cuando:
>
> a. Causa la muerte de la persona vacunada.
>
> b. Ponga en peligro inminente la vida de la persona vacunada.
>
> c. Sea necesario hospitalizar al vacunado o prolongar su estancia.
>
> d. Causa discapacidad o incapacidad persistente o significativa.
>
> e. Hay sospecha de que produjo o generó una anomalía congénita o muerte fetal.
>
> f. Hay sospecha de que produjo un aborto.

La anterior reglamentación es un claro ejemplo que en los casos de RPE se presenta la incertidumbre causal, y que se puede tomar una alternativa de solución como la que se dio en los casos de los eventos adversos derivados de la aplicación de la vacuna COVID 19, pues normalmente se le debería exigir a la víctima la prueba de cuál fue la vacuna que le causó el daño en los casos en los que se hubiera aplicado de distintas marcas o fabricantes, pero ante dicha incertidumbre, la prueba de la relación de causalidad solo se limita a probar que dicho daño sí tiene un nexo con la vacunación en su conjunto.

4.6.2. La incertidumbre no permite relacionar los causantes con las víctimas

Casals (2020) en relación con este tipo de incertidumbre sostiene:

> Existe una pluralidad de causantes de daños (D1-D10) y una pluralidad de víctimas (P1-P100), pero se ignora qué posible causante (D) ha causado el daño a qué víctima (P). Los conocidos casos de responsabilidad por cuota de mercado (marketshare liability) se encuadraría en este grupo, de causalidad también alternativa, pero donde la incertidumbre no permite relacionar los causantes con las víctimas. EJ. Varias compañías (D1-D10) producen un fármaco destinado a evitar abortos espontáneos durante el período de gestación y las gestantes que han consumido el fármaco han dado a luz sin problemas niños y niñas durante años. En el caso de las niñas (P1-P100) al llegar a la pubertad empiezan a desarrollar cáncer de útero. Por el paso de los años y porque las madres tomaron fármacos producidos por diversos fabricantes, no puede demostrarse qué D causó daño a qué P. (p. 242)

Fíjese que en este tipo de incertidumbre se presenta en algunos casos al partirse de la concepción tradicional del nexo causal entre la actuación imputada y el daño. Por ejemplo, piénsese en un proceso en el que se reclaman daños derivados por un desplazamiento forzado[6] que tienen una relación de causalidad con múltiples he-

---

[6] En el proceso que cursa ante el Juzgado Segundo Administrativo de Popayán bajo el radicado 190013333005201670009700, se relatan los siguientes hechos: (i) Los demandantes eran habitantes de las veredas Pandiguando, Cuatro Esquinas, el Alto del Rey, la Paz y Quilcacé del municipio del Tambo del departamento de Cauca, (ii) el Municipio de El Tambo (Cauca) para el periodo de tiempo comprendido entre los años 2001 al 2002, fue el primer municipio expulsor de desplazados en el Departamento del Cauca, siendo el desplazamiento masivo de la Vereda EL CRUCERO del

chos dañinos y en el que se le imputa al demandado una causalidad por omisión. Lo particular con estos casos, es que se piensa que se puede hacer un juicio de causalidad directo entre una omisión y los daños sufridos por los demandantes, cuando en realidad ello resulta complejo, en la medida de que existe incertidumbre en cuanto a la actuación que generó cada uno de los hechos dañinos, y entre estos y los demandantes.

Es decir, haciéndose un juicio directo no se podría relacionar los causantes con las víctimas, por cuanto se está relacionando una omisión con las víctimas y para salir de ese escenario de incertidumbre, se tendría que procurar por probar el hecho dañino con el que cada una de las víctimas tiene relación, y qué actuación generó cada uno de los hechos dañinos.

4.6.3. Análisis causal de la incertidumbre

Las anteriores clasificaciones si se quiere de incertidumbre causal propuestas por Casals se comparten totalmente, pues en la práctica se presentan y por ello, no es posible analizar la causalidad física de una manera uniforme, pues cada caso y cada tipología de casos deberá ser analizada de manera particular. Es decir, se debe tener

---

Corregimiento de PANDIGUANDO ocurrido el día 11 de septiembre de 2.001, uno de los muchos registrados en las bases de datos de las entidades estatales y organizaciones no gubernamentales, (iii) en la demanda se manifiesta que a partir del día 10 de septiembre de 2001 y hasta el año 2004, los integrantes de la comunidad de los Corregimientos de Pandiguando, Cuatro Esquinas, el Alto del Rey, la Paz y Quilcacé y especialmente una parte de los civiles que residían en las veredas: el Crucero, la Planada, los linderos del Corregimiento de Pandiguando; las huertas del corregimiento de Cuatro Esquinas, Alto del Rey del Corregimiento de Alto del Rey; la Paz, la Pozeta, Buena Vista, la Paloma del Corregimiento de la Paz, padecieron presuntamente graves vulneraciones de sus derechos humanos y violaciones del derecho internacional humanitario, al ser desplazados forzadamente por el grupo armado al margen de la ley Autodefensas Unidas de Colombia y (iv) en el acápite de las declaraciones los demandantes manifiestan que les fueron ocasionados perjuicios a éstos en los hechos dañosos ocurridos desde el año 1995 hasta el año 2014 en los Corregimientos de Pandiguando, Cuatro Esquinas, el Alto del Rey, la Paz y Quilcacé del municipio de el Tambo (Cauca), donde fueron desplazados forzadamente.

claridad que existen casos de certidumbre causal y casos de incertidumbre causal.

Fíjese que en estos casos la incertidumbre se presenta de una manera básica en la relación de causalidad entre el hecho dañino y la actuación, en el sentido de que al tenerse una o varias condiciones, es válido afirmar que la indagación está en determinar y/o tratar de probar cuál fue la que contribuyó al hecho dañino que causó el daño en términos necesarios o si existe una concurrencia causal.

El inconveniente y que genera *per se* la incertidumbre, está en la dificultad de probar dichos escenarios, por lo cual consideramos que se debe partir de una premisa básica y es en la imposibilidad de probar en algunas ocasiones que una condición es necesaria o suficiente y ante tales escenarios, una vez determinado que la actuación es múltiple, como en los casos de causalidad alternativa con causante del daño no identificado y en los que no permite relacionar los causantes con las víctimas, solo resta indagar la relación de causalidad entre las actuaciones y el hecho dañino, lo cual lógicamente genera como conclusión que ante cada hecho dañino existiría una o varias actuaciones.

Es así que, una posible solución ante la incertidumbre causal es realizar un válido análisis de la relación de causalidad entre la actuación y el hecho dañino, lo cual nos daría como resultado la identificación de actuaciones necesarias para el hecho dañino y en ese escenario, sería dable utilizar el Test NESS. En los casos de pérdida de oportunidad la incertidumbre causal es un poco difusa, pues el daño reclamado no es *per se* la lesión al interés lícito, sino la pérdida de oportunidad como daño autónomo.

Por ejemplo, en un caso en el que se reclama el daño autónomo pérdida de oportunidad de sobrevivir, en el que una persona se lesiona y se fractura el fémur y por el no suministro del medicamento que evitara un trombo, se le generó una embolia que le causó un infarto y en tal sentido, se realiza el siguiente juicio contrafáctico: "si se le hubiera suministrado el medicamento x, no se hubiera generado el trombo". Fíjese que el hecho dañino sería la generación del trombo, ante lo cual no existiría incertidumbre en la relación de causalidad entre dicho hecho dañino y el daño, pues en este caso específico estaría probada la causa de la muerte, sino que la incertidumbre se presentaría entre la actuación por omisión y el hecho dañino, en el sentido de que supóngase que no existiría certeza en un 100 %

de que si se le hubiera suministrado el medicamento, no se hubiera generado el trombo y por lo tanto, tocaría indagar probatoriamente cuál es el porcentaje que dicha actuación hubiera tenido en la evitación del hecho dañino.

De ahí que, en los casos de incertidumbre causal lo importante es determinar si la misma se presenta desde le visión del hecho dañino con el daño, o desde la actuación con el hecho dañino, pues el análisis de un escenario u otro varía y por lo tanto, no existiría una respuesta plausible de manera general, sino que cada caso particular debe ser visto como un caso especial.

4.6. A MANERA DE CONCLUSIÓN

En el modelo de la bifurcación de la indagación causal se plantean dos niveles de análisis de la indagación causal, el físico y el jurídico. En otros términos, el elemento de la causalidad que estipula el artículo 90 de la Constitución Política tiene dos niveles de análisis, la causalidad física y la causalidad jurídica para llegar a la conclusión de cuál es la condición o las condiciones que se estructuran en causas del daño. La conclusión a la que se llegue resulta de vital importancia, en el entendido de que de ello depende el válido análisis de la imputación que al estructurarse en un jurídico eminentemente jurídico, requiere esa claridad causal para determinar si el daño se puede imputar total o en parte al demandado por la existencia de una concurrencia causal.

Es importante precisar que si una vez realizado el análisis causal tanto físico como jurídico, la conclusión es que no existe una actuación del Estado sea por acción u omisión que sea causa del daño, el juicio de responsabilidad patrimonial del Estado debería terminar allí, y no desgastarse en analizar la imputación, pues la conclusión lógica a la que se puede llegar en este escenario es determinar que el daño fue causado por tercero, la propia víctima o un hecho de la naturaleza sin incidencia del funcionamiento normal o anormal del Estado.

Ahora bien, en relación con la indagación causal física se considera que la misma se puede realizar desde dos relaciones de causalidad, (i) entre el daño y el hecho dañino, y (ii) entre el hecho dañino y la actuación. Consideramos que estructurando el análisis extensional de la indagación causal así, permitiría llegar a unas conclusiones válidas en cuanto a cuál es la causa física y así evitar que se puedan incluir como premisas las meras relaciones de eventos, o condiciones que si bien existen en el escenario fáctico, no son contribuyentes de él. Por lo cual, lo que normalmente se ha entendido como el nexo causal entre la actuación y el daño, o que el elemento de la responsabilidad patrimonial del Estado es el nexo causal, debe replantearse y tenerlo solo como un criterio de análisis de la indagación causal física, pero no como la única relación en el estudio de la causalidad.

Dichos escenarios de la causalidad física son extensionales y deben quedar completamente probados y teniendo en cuenta que se puede presentar una incertidumbre causal ante lo cual como se indicó previamente, se debe tener primero que todo conciencia de esa situación y en segundo lugar, probar que las condiciones son necesarias dentro de un conjunto de condiciones suficientes sin incluir criterios subjetivos o intensionales, pues ello invalidaría el juicio de causalidad física.

Capítulo quinto

Criterios de causalidad jurídica y su influencia en el análisis de la relación de explicación causal

5.1. PLANTEAMIENTO

Como se ha venido sosteniendo, en el criterio de la bifurcación de la indagación causal, la causalidad fáctica es un presupuesto de la causalidad jurídica, pues en esta última que pasaremos a desarrollar, se analizan ciertos elementos jurídicos y para ello, se tienen en cuenta principalmente las teorías de la causalidad adecuada o la adecuación, la imputación objetiva, la causalidad próxima, la causalidad probabilística y la causalidad eficiente y preponderante, entre otras. Coleman (2010) al respecto precisa lo siguiente:

> [...] los juristas dedicados a la responsabilidad extracontractual introducen el concepto de causa próxima. La causa próxima selecciona del conjunto de condiciones necesarias, o causas sine qua non, aquel evento sobre el que legítimamente pueden fundarse la responsabilidad. Determinar qué actividad es la causa próxima de la ocurrencia de un evento dependerá de consideraciones de política y de principios. (p. 276)

Bajo esa tesitura, pasaremos a analizar cada una de esas teorías con el objeto de determinar si tienen alguna utilidad válida para realizar la relación de explicación causal entre el juicio de reproche y la causa física.

5.2. CAUSALIDAD ADECUADA

Existe consenso doctrinal en considerar que "el origen de esta teoría se debe a Ludwig Von Bar a quien puede considerarse el precursor de ella, pero su desarrollo se debe al pensador y fisiólogo Johannes Von Kries" (Serrano Escobar, 2011, p. 30)[1].

Reyes Alvarado (1994) sostiene que, "según Von Bar, una condición adquiriría la categoría de causa solo cuando de acuerdo con la forma como regularmente se desarrollan los fenómenos conduzcan a un resultado, es decir, cuando de acuerdo con las reglas generales de la vida, esa condición sea adecuada para la producción de determinados resultados" (p. 23).

Teniendo en cuenta lo anterior, resulta importante analizar esta teoría desde la pragmática jurídica en su real utilización y entendimiento. Por ello, se precisará inicialmente que en la TC adecuada se realiza una selección de las condiciones del daño desde el punto de vista de la causalidad física y dependiendo del análisis sea objetivo y subjetivo, se le otorga la categoría de causa adecuada. Para llegar a ello, se debe realizar la justificación de la relación de explicación causal en función de la probabilidad, o lo que se conoce como el juicio retrospectivo de probabilidad.

5.2.1. Se realiza una selección de las condiciones del daño para otorgarle la categoría de causa adecuada

Lo primero que se debe precisar, es que esta teoría parte de la distinción que realiza Muffato (2014, p. 69) entre causas y meras condiciones, y que por ello surge la necesidad de seleccionar la causa relevante para la producción del efecto. Dicha causa es lo que se denomina la causa adecuada en esta teoría. Serrano Escobar (2011) al respecto indica:

> [...] esta teoría parte del concepto empírico de causa, reconociendo que un fenómeno es siempre producto de la confluencia de diversas condiciones y por tanto, distingue de entre dichas condiciones a aquellas que de acuerdo con la experiencia general de vida, son generalmente apropiadas para producir el resultado, desdeñando el papel de las restantes que solamente por azar contribuían al logro del mismo, y que por tanto, se consideran jurídicamente irrelevantes. (p. 30)

---

1 A dicha conclusión también llegan los autores Campagnucci de Caso (Manual de obligaciones, 1997, p. 184) y Goldenberg (2000, p. 22).

Se cuestiona Campagnucci de Caso (Manual de obligaciones, 1997), "el interrogante que se plantea es determinar cuál de la totalidad de las condiciones que forman una cadena para arribar al resultado, adquiere la jerarquía de causa adecuada del daño" (p. 185).

Goldenberg (2000) indica lo siguiente:

> [...] la operatividad de la teoría que nos ocupa se condiciona a que todos los eslabones de la cadena sean adecuados, la regularidad debe existir en cada etapa del iter causal. Como bien lo señala Orgaz "no basta establecer que la acción era en general idónea para producir el daño, sino que es además necesario que las circunstancias intermedias hayan sucedido también normalmente, sin la intervención de factores anómalos o extraordinarios" (ORGAZ, El daño resarcible, p. 71) ... Precisamente la concurrencia de esos eventos disociantes interfieren el curso originario del proceso, interrumpiéndolo, se produce entonces la fractura del nexo causal. En tales hipótesis queda excluida la imputatio facti entre el resultado final y el suceso desencadenante de la trama de acontecimientos.[2] (p. 26)

Se desprende de lo anterior que, resulta importante de que se realice un buen estudio de causalidad física, y que el mismo, se constituya en la premisa necesaria para el estudio de la causalidad jurídica bajo la modalidad de la adecuación o causa adecuada. Al respecto, se debe tener en cuenta que en la práctica, no se realiza un estudio juicioso de los eslabones de la cadena causal física, generando en algunos casos que la condición a la que se le otorga la categoría de causa adecuada del daño, en la gran mayoría de los casos, ni siquiera es una condición y menos una causa física.

Rojas Quiñones y Mojica Restrepo (2014) se plantean:

> ¿Es la causalidad adecuada una verdadera y genuina teoría sobre lo que conocemos como nexo causal? La alusión a criterios de selección normativa como la probabilidad y las máximas de la experiencia, ha develado que la causa adecuada no hace un examen de causalidad puramente físico o naturalista, sino que, por el contrario, parezca más una herramienta de selección de la causa jurídicamente relevante, a partir de un conjunto dado de causas naturales. Puesto en otros términos, la causalidad adecuada no responde cuáles son las causas físicas o naturales de un determinado evento, sino que brinda unos parámetros conforme a los cuales se puede escoger, dentro de un determinado grupo de causas, cuál es la que resulta jurídicamente más relevante.
>
> Así, la causa adecuada parece ser idónea para resolver la pregunta por cuál es la causa jurídicamente relevante y no para esclarecer cuando un fenómeno es causante de otro, en el sentido natural de la expresión 'causa'. Esto

---

2 En esa misma línea de análisis podemos ver a Cuevillas (2000, p. 93).

> ha sido claramente entendido en otros ordenamientos jurídicos en los que la adecuación es comprendida en su justa dimensión, esto es, como un criterio de imputación o selección causal y no como un derrotero para determinar la causalidad natural. (p. 213)

Teniendo en cuenta lo anterior, consideramos que uno de los eslabones más importantes en la relación de explicación causal que se da en función de la probabilidad en la TC adecuada, lo constituye la selección de las condiciones para su análisis y su justificación razonada, si falla dicha selección, fallaría todo y por ende, la conclusión de si determinada condición es causa adecuada del daño, sería inválida.

Para no caer en dichos argumentos inválidos, consideramos que se debe tener en cuenta que no toda relación de eventos se constituye en condición y a su vez en causa física. Si bien, la TC adecuada no es una teoría de causalidad física, ni pretende indicar cuál de las condiciones es causa física del daño, sí es importante precisar que la selección de cuál o cuáles son condiciones del daño debe estar precedida del juicio de causalidad física.

En otros términos, la causalidad física parte necesariamente del análisis de unas condiciones naturales o materiales para llegar a la conclusión de cuál o cuáles son causas físicas del daño, pero dichas condiciones que inicialmente analiza la TC **física, no son las condiciones a las que se hace alusión en la** TC adecuada, pues como se indicó previamente, se requiere que en el *iter causal* todas deben ser idóneas y tener regularidad en cuanto a su ocurrencia. Consideramos que dicha idoneidad debe ser entendida en términos de causalidad física y por ello, luego del examen de las condiciones iniciales que realiza dicha causalidad y que determina la existencia de causas físicas, sí entra el juicio retrospectivo de probabilidad en relación con las mismas. Pensar lo contrario, sería realizar dicho juicio en relación con meras relaciones de eventos, y caeríamos implícitamente en la falta del estudio de adecuación o regularidad de todo el *iter causal*, pues se requiere una argumentación básica y sólida del por qué el juez escogió tales condiciones para realizar el juicio retrospectivo de probabilidad.

5.2.2. El análisis de la relación de explicación causal se da en función de la probabilidad: Juicio retrospectivo de probabilidad

Al respecto, Cuevillas (2000) estipula lo siguiente:

> [...] la teoría examina la adecuación de la causa en función de la posibilidad y probabilidad de un resultado, teniendo en cuenta lo que generalmente acontece según lo indica la experiencia habitual en orden al curso ordinario de los acontecimientos. Adecuación quiere decir adaptación; el efecto ha de ser apropiado a la forma de obrar del sujeto en función del daño resultante, que era de esperar en la esfera del curso normal de los sucesos, es decir, para que exista nexo causal, según el análisis interpretativito de la doctrina la acción tiene que ser idónea para producir el efecto acaecido, tiene que determinarlo normalmente. (p. 91)

Siguiendo la anterior línea de pensamiento, se precisa que al analizarse esta teoría se debe acudir a lo precisado por Goldenberg (2000, p. 24) como el juicio retrospectivo de probabilidad, "no es otro que analizar si esa acción u omisión que se juzga, era de por sí apta o adecuada para provocar normalmente esa consecuencia". De ahí que, al tenerse en cuenta en el juicio retrospectivo de probabilidad las reglas de un comportamiento normal, resulta importante precisar las premisas de análisis de dicho juicio:

5.2.2.1. Pluralidad de casos

Goldenberg (2000) al referirse a la primera premisa considera precisa que "[...] la noción de causalidad adecuada supone, pues, necesariamente pluralidad de casos, ya que de lo contrario no respondería a lo que indica la experiencia" (p. 23).

La anterior precisión resulta fundamental para el entendimiento de la TC adecuada, en atención a que el talón de Aquiles está en considerar si la adecuación surge de un análisis subjetivo del juzgador o debe surgir de un análisis objetivo de la regularidad. Consideramos que en ningún caso la conclusión de si determinada actuación es considerada causa adecuada del daño, debe derivar del juicio subjetivo del juzgador, haciendo alusión a lo que en su propia experiencia le indica, sino que se requiere necesariamente un patrón de conducta y/o regularidad.

Por ello, no se puede considerar si determinadas actuaciones que pasan de ser meras condiciones a ser estipuladas como causas físicas, son jurídicamente causas adecuadas del daño sin existir un criterio de regularidad y relación causal considerada de manera particular. Lo anterior, permitiría precisar que la primera condición necesaria para el análisis de si determinada causa física es una causa adecuada, lo constituye precisamente la pluralidad de los casos particularmente considerados similares al evento analizado. En este punto, surge una cuestión que se pretenderá desarrollar en este acápite y es, si se debe analizar la acción u omisión que se está juzgando desde la óptica de la regularidad de producción el daño acaecido, en comparación con otra acción u omisión con propiedades particulares que generaron un daño con las mismas características al del caso en estudio.

Siguiendo la anterior línea de análisis, es claro que al realizarse un análisis objetivo los hechos deben ser captados como hechos de una determinada especie. Es así que, Gesualdi, (2000) estipule:

> La doctrina parte del hecho de que no puede hablarse de relación de causalidad tratándose el caso singular. Es que si los hechos sucedieran una sola vez y tuvieran que ser captados en su individualidad, no podría afirmarse que entre ellos existe dicho nexo. Para que haya relación de causa-efecto entre dos hechos es preciso que sean captados como hechos de una determinada especie. Es que el concepto de causalidad lleva en sí mismo el concepto de regularidad, el que solamente puede darse frente a una pluralidad de casos. (p. 75)

5.2.2.2. Prognosis póstuma

Como un requisito de análisis adicional al de la pluralidad de los casos, encontramos lo que doctrinalmente se ha denominado la prognosis póstuma. Cuevillas (2000) indica que es:

> [...] el procedimiento consistente en determinar ex post facto la posibilidad de un resultado en función de las condiciones precedentes, de aquí que la determinación del fenómeno causal va a surgir como resultado de un proceso abstracto que da relevancia a una de las condiciones del caso concreto, elevándola a la categoría de causa adecuada del resultado prejudicial. (p. 92)

Goldenberg (2000) igualmente precisa, "que en doctrina se denomina prognosis póstuma al procedimiento consistente en determinar ex post facto la posibilidad de un resultado en función de las condiciones precedentes" (p. 24). En relación con el anterior análisis, existen dos posiciones encontradas, una subjetiva y otra objetiva. En la primera, la adecuación del resultado se analiza desde la mente del agente y la segunda, desde lo que era cognoscible no ya para el agente, sino para un hombre común o medio. La selección de una u otra posición, necesariamente varía el juicio de la prognosis póstuma y por ende, el juicio de selección de la causa adecuada del daño. Gesualdi (2000) considera en relación con este punto lo siguiente:

> [...] la adecuación requiere una selección de las condiciones que se erigen en causa dentro de los distintos hechos. A fin de poder materializar la actividad tendiente a efectuar esa selección, ciertos autores han seguido un rumbo subjetivo, es decir, tomando la previsibilidad con relación al sujeto, y otros, en cambio, toman en cuenta estándares abstractos. De ahí que se haya dicho que la previsión objetiva tendrá en vista la condición idónea para producir un resultado normal, habitual. De darse ese resultado, el acontecimiento será erigido a la categoría de causa. (p. 75)

Campagnucci de Caso (1984) por su parte sostiene que:

> [...] es necesario establecer un juicio de probabilidades o pronóstico con determinación del cálculo de posibilidades lo cual implica que el juzgador retrocederá en el tiempo para el análisis del caso, hasta el momento preciso en que acaeció el hecho y verificará si era la acción u omisión del sujeto idónea para producir el daño". Es así que, "el problema se plantea cuando de entre las condiciones es necesarios aislar la que es causa ¿se tomarán en consideración todas las circunstancias que el sujeto interviniente puso prever? o bien ¿el juicio se realizará conforme a un comportamiento medio, es decir considerando a la generalidad de las personas? Von Kries sostuvo que era el hecho el que de acuerdo con el sujeto era como era, pues es el agente el que caracteriza el evento, por ello se ha enunciado como tesis subjetivista. (p. 47)

Hasta aquí, se puede indicar que para determinar si una causa es adecuada o no, debe iniciarse el análisis en la relación de causalidad entre la actuación y el hecho dañino, pues dependiendo de ello, se podría pasar al análisis jurídico de la causalidad, el problema surge es si llegando a dicho escenario de análisis la metodología debe ser subjetiva u objetiva, al respecto, veamos las dos posiciones.

5.2.2.2.I. Análisis en concreto

El análisis en concreto o subjetivo, partió del pensamiento de Von Kries, quien consideraba que se debía tomar "lo que este conocía concretamente o podía conocer a fin de evaluar la previsibilidad de su actuar" (Goldenberg, 2000, p. 25).

Por lo que "se acude a un juicio de probabilidad, haciendo depender la existencia o no del nexo causal de la previsibilidad del resultado en la mente del agente" (Serrano Escobar, 2011, p. 31) negando así, "la causalidad de aquellas acciones que ex ante al autor del hecho, no le era previsible las consecuencias o el resultado final de la acción" (Goldenberg, 2000, p. 25).

Por su parte, Trazegnies (1988) nos indica lo siguiente:

> [...] la teoría de la causalidad adecuada admite dos grandes variantes una más subjetiva y otra más objetiva y múltiples versiones de ellas. El propio Von KRIES le dio una tonalidad subjetiva cuando sostuvo que la normalidad de la causación debía apreciarse in concreto, es decir, teniendo en cuenta lo que el autor del hecho sabía de las consecuencias normales: si ignoraba que ciertos efectos se derivan usualmente de un cierto acto, entonces no podía decirse que su acción fuera causa de tal efecto. Como puede apreciarse, desde esta perspectiva subjetivista, la idea de normalidad no es tan "normal": depende del sujeto involucrado. Y Von KRIES sugería que el criterio de normalidad no fuera objetivado a través de un patrón similar al del buen padre de familia o al del hombre razonable, sino que se evaluará en cada caso atendiendo a las circunstancias y posibilidades del sujeto en particular. De acuerdo con la línea alemana de apreciación de la situación en concreto, esta aproximación al problema se pregunta sobre lo que efectivamente pudo haber previsto el causante de acuerdo a sus conocimientos de la situación: será entonces causante solamente de eso que pudo haber previsto "él y solo él" en esas circunstancias específicas. (p. 290)

Bajo esa tesitura, la prognosis póstuma subjetiva analiza no el hecho dañino en sí, sino al sujeto causante de la actuación material, y particularmente, lo que conocía o debía conocer para el desarrollo de la actividad que tiene relación de causalidad con el hecho dañino que originó el daño. Es así que, se requieren dos objetos de prueba: qué conocía el sujeto en el momento preciso en relación de si su actuación iba a originar, es decir, si tenía el conocimiento de sí realizaba dicho acto positivo u omitía dicho deber, se iba a ocasionar el daño; por otro lado, si no se logra probar lo anterior, se acude a lo que podía conocer.

Una vez se tiene claro y probado lo que el agente conocía o podía conocer en relación con las consecuencias de su acción u omisión (i), se procede a evaluar la previsibilidad de su actuar realizando un juicio de probabilidad (ii), que no es otro que determinar de si, se prueba que en la mente del agente éste previa el resultado. Es decir, una vez determinadas las condiciones a las cuales se les otorgó la categoría de causa física, se procede a analizar una o unas en relación con la previsibilidad de su actuar, pues no se discute si fácticamente causó el daño, sino que si el resultado le era o no previsible.

Básicamente sería indagar en relación con el agente si al realizar la acción u omisión ¿qué sabía de las consecuencias normales de dicha decisión? Si la respuesta es positiva y una de ellas fue el daño mismo acaecido, la respuesta lógica es que dicha condición, es la causa adecuada del daño. De lo contrario, no sería la causa adecuada, pues según esta visión de la teoría solo se respondería por lo previsible.

La anterior posición tiene grandes reparos, pues como se ve, parte del análisis de lo que le era previsible y pues nos llevaría a pensar o resaltar la premisa implícita de que la acción u omisión en todo caso fue con intención y con conciencia del daño que podía ocasionar. Al respecto, Serrano Escobar (2011) indica que "sus críticos proponen que el hecho debe ser considerado objetivamente, lo que significa que se ha de valorar todas las circunstancias que un hombre común y corriente ha de prever para determinar la probabilidad del resultado" (p. 31).

Campagnucci de Caso (1984) por su parte precisa sobre el particular que, "si se juzga en concreto, es decir, cómo ocurrió el hecho dañoso, todas las condiciones resultan aptas y necesarias para llegar a la consecuencia, con lo cual daríamos validez a la tesis de la equivalencia de las condiciones" (p. 47), como si fuera la única teoría de causalidad para determinar la responsabilidad. Igualmente, no queda claro si se puede aplicar para los reproches obligacionales, o si es solo para la* relación de causalidad entre la actuación y el hecho dañino.

5.2.2.2.2. Análisis in abstracto

Como criterio de análisis diferenciado al de Von Kries, "aparecen luego formulaciones objetivas como la de Thon, quien sostiene que ese diagnóstico debe hacerse teniendo en cuenta lo que era cognoscible no ya para un individuo dado, si no para el hombre común o medio" (Goldenberg, 2000, p. 25).

Trazegnies (1988) sostiene al respecto que:

> [...] la otra variante coloca el acento en la conexión fáctica antes que en el aspecto subjetivo del conocimiento que pudo tener o no tener el agente de tal conexión. En este caso, se trata de hacer un análisis regresivo de las causas y observar cuáles de ellas llevaban normalmente al resultado dañino, independientemente de que el actor lo supiera o no. Este análisis retrospectivo de la causa normal fue llamado por von LISZT con un nombre pedante: "la prognosis objetiva póstuma". Se trata de un análisis objetivo en el sentido de que la causa debe ser investigada in abstracto y no en concreto; es decir, el examen de la causa prescinde de la subjetividad implícita en la situación y se interroga sólo sobre lo que usualmente ocurre. (p. 291)

Con este criterio objetivo se elimina del análisis el conocimiento del sujeto no en cuanto a la realización de la actuación y sus consecuencias, sino en relación con cuáles consecuencias conllevan en términos de probabilidad al hecho dañino. De ahí que, se realiza una conexión más sólida con la causalidad física o las relaciones de causalidad.

Demogue (Traité, t. IV) sostiene por su parte que "otra postura considera que la apreciación de la regularidad, conforme al proceso causal, debe hacerse tomando en cuenta la experiencia de un hombre común... este punto de vista fue el formulado por Thon y Traeger" (Campagnucci de Caso, Responsabilidad civil y relación de causalidad, 1984, p. 49). Es así que, se analiza el proceso causal físico inicialmente, para luego analizar el resultado desde la experiencia del hombre común o medio y es preguntarnos básicamente, ¿qué actuación lleva normalmente al daño?. Por lo tanto, se analice la regularidad del comportamiento en relación con los daños.

Rumelin plantea por su parte la tesis de que "juzga necesario tomar en consideración todas las circunstancias existentes, aún las anteriores que hubieran podido o no ser conocidas por el agente" (Campagnucci de Caso, Responsabilidad civil y relación de causalidad, 1984, p. 49). De ahí que, Campagnucci de Caso (1997) indique lo siguiente:

> [...] el fenómeno causal debe ser analizado de acuerdo con las reglas de un comportamiento normal, es decir, de la experiencia diaria o corriente. Es necesario a posteriori del hecho establecer un juicio de probabilidades o pronóstico con determinación del cálculo de posibilidades, prescindiéndose de la realidad del acontecimiento. (p. 185)

Así es que "dicha teoría aquilata la adecuación de la causa en función de la posibilidad y probabilidad de un resultado, atendiendo a lo que corrientemente acontece según lo indica la experiencia diaria en orden al curso ordinario de los acontecimientos" (Goldenberg, 2000, p. 23).

Es decir, el análisis debe ser en abstracto, "lo cual implica pensar cómo ocurren los hechos, o bien como deben ocurrir los acontecimientos, de acuerdo con su regularidad y reglas empíricas que el mismo intérprete conoce" (Campagnucci de Caso, Manual de obligaciones, 1997, p. 185).

Hasta aquí, se puede precisar que el análisis de la regularidad de sí una actuación causa normalmente un daño, se debe realizar de manera objetiva o abstracta y ello está dado con la experiencia de un hombre común o medio y aunado al análisis de todas las circunstancias existentes al momento del hecho dañino, conocidas o no conocidas por el agente.

García de Enterría y Fernández (2013) por su parte, precisan lo siguiente:

> La jurisprudencia ha optado resueltamente en la imputación a la administración por el criterio de la causalidad adecuada, precisando que es necesario, además de que resulte normalmente idónea… teniendo en consideración todas las circunstancias del caso. (p. 415)

Por último, Yzquierdo (2017) indica:

> Causalidad adecuada, formulada en 1888 por el fisiólogo de Friburgo VON KRIES. Según ella, no todos los acontecimientos que preceden a un daño tienen la misma relevancia, pero tampoco ha de ser siempre el más próximo en el tiempo el que se deba escoger: el daño debe asociarse con el antecedente que según el curso normal de los acontecimientos, ha sido su causa directa e inmediata. Del conjunto de hechos antecedentes cabe considerar como causa en sentido jurídico sólo aquellos hechos de los cuales quepa esperar a priori, según criterios de razonable regularidad, de verosimilitud estadística, la producción de un resultado. Es la regla de la vida diaria y de la experiencia común la que determina la idoneidad del antecedente. Y ese juicio, a modo de cálculo de probabilidades, ha de verificarse en abstracto, prescindiendo de lo efectivamente sucedido y atendiendo a lo que usualmente ocurre y al grado de previsión que cualquier hombre razonable podía haber tenido por razón de su profesión o de cualquier otra circunstancia. No hay causalidad en el caso singular. El juez debe establecer un pronóstico retrospectivo de probabilidad preguntándose si la acción que se juzga era por sí sola apta para provocar normalmente esa consecuencia. (p. 211-212)

Queda la duda de si la probabilidad se debe analizar desde el hecho dañino o desde la actuación, pues al afirmarse que "el juez debe establecer un pronóstico retrospectivo de probabilidad preguntándose si la acción que se juzga era por sí sola apta para provocar normalmente esa consecuencia", se genera una confusión que impera en la práctica, en el entendido de que se realiza una relación causal entre la actuación y el daño, como si en primer lugar no existiera el hecho dañino como escenario medio de esa relación, y como si no existiera la sobredeterminación, o incertidumbre causal, o aún que solo el daño puede darse con una sola actuación.

5.2.3. Cuestionamientos a la teoría

La primera cuestión que se resalta en esta teoría es que al existir en la doctrina dos posiciones para su análisis como lo es la subjetiva y la objetiva, genera cierta ambigüedad al momento de utilizarla en un caso concreto. Es decir, "a esta teoría de la adecuación se le cuestiona porque conduce a una confusa mezcla entre los aspectos objetivo y subjetivo, pues hace depender la existencia o no de la relación causal de la previsibilidad del resultado" (Serrano Escobar, 2011, p. 32). Ante ello, Soler (1951) indica lo siguiente:

> [...] se advierte la falta de solidez de la causación adecuada como teoría causal, ya que por una parte, al hacer depender la existencia o no de la relación causal de la previsibilidad del resultado, da lugar a confundir la cuestión de la causalidad con la de culpabilidad y por otra, este planteamiento tampoco explicaría la causalidad en aquellos eventos en donde se prescinde de la culpabilidad para que haya responsabilidad. (p. 319-320)

El anterior planteamiento refleja el problema de utilizarla en la RPE, pues ésta es anónima y al confundirse con la culpabilidad, siempre se estaría realizando un juicio subjetivo de la conducta del causante del daño y por ende, se requerirá la identificación del autor, lo cual no es compatible con el juicio de responsabilidad patrimonial del Estado y además, se desconoce que un hecho puro y simple de la naturaleza puede ser una condición para el hecho dañino.

Yzquierdo (2017) por su parte, precisa lo siguiente:

> [...] la teoría de la causalidad adecuada tiene el inconveniente derivado de su propia abstracción. Puede que, en efecto, la regla de experiencia asigne a un determinado antecedente la calificación de causa ordinariamente adecuada... pero ¿quién asegura que en el caso concreto no haya podido ser otra la causa auténticamente decisiva? La noción de causalidad adecuada supone necesariamente una pluralidad de casos, pues de lo contrario no respondería a lo que indica la experiencia. (p. 212)

Consideramos que independiente de si la posición es subjetiva u objetiva, la pregunta desde el punto de vista de la causalidad jurídica que realiza esta teoría es básica: ¿si esa acción u omisión que se juzga es adecuada para provocar normalmente esa consecuencia, que es el daño ocasionado? Por lo cual se hace el estudio desde el reproche obligacional con el daño y ese análisis es el que se estructura en inválido. Al respecto, se advierte que así se analice con un margen de apreciación objetivo, el juicio termina siendo eminentemente subjetivo y daría lugar a que casos eminentemente idénticos, sean resueltos de manera diversa aplicando los mismos parámetros teóricos.

Otro inconveniente es que se realiza el análisis en relación con una sola condición, es decir, se pregunta si esa condición normalmente lleva a esa consecuencia y pues objetivamente nunca daría dicha conclusión, por lo que sería mejor analizar no sola una condición causal, sino todas las condiciones que se consideren causas físicas que en conjunción sí pueden dar normalmente la conclusión de la idoneidad para el resultado.

Otro aspecto que se analizará en la tercera parte, es si al hablarse de una causalidad de la actuación estatal, la discusión de si la causalidad adecuada es subjetiva u objetiva, se tornaría en útil, o más propiamente dicho, si la TC adecuada realmente le resulta útil a la RPE, pues se debe precisar que esta teoría al igual que las demás de la causalidad jurídica fueron diseñadas y pensadas para la responsabilidad civil, y es claro que el juicio de responsabilidad en contra del Estado difiere no sustancialmente de la civil, pero sí particularmente, pues la actuación que se analiza no es cualquier actuación, es una actuación del Estado que está previamente estipulada en el ordenamiento jurídico.

Para concluir este acápite, se precisa que en la práctica la TC adecuada no se utiliza o en los casos de RPE en los cuales se menciona, no deja de ser una mera indicación teórica más no analizan sus elementos característicos tales como:

a. Se debe determinar cuál fue el resultado y/o el daño que sufrió la víctima.

b. Se debe determinar las condiciones del daño desde un escenario físico o desde el plano de la TC física.

c. Una vez determinadas las condiciones, se deberá analizar a cuál se le daría la categoría de causa, es decir, si determinada condición normalmente o adecuadamente conduce a ese resultado y para ello, se deben tener en cuenta los siguientes elementos:

c.1. La existencia de pluralidad de casos.

c.2. Realizar el análisis de la prognosis póstuma, sea desde el plano objetivo o subjetivo.

5.3. IMPUTACIÓN OBJETIVA (OLIVARES TORRES, 2017, P. 78-83)

La imputación objetiva desarrollada por Karl Larenz en la cual en primer lugar se ocupa de distinguir la noción de imputación de la de causalidad:

> [...] la imputación al hecho no significa de ninguna manera lo mismo que el juicio sobre la existencia de una relación causal, porque la imputación no significa otra cosa que el intento de deslindar el acto propio del hecho causal, por tanto, la imputación como juicio sobre un hecho no es un juicio causal, si no teleológico. Puesto que el acto está dominado y controlado por la voluntad, la causalidad de la voluntad, la autoría, llega hasta donde lo hace la posibilidad de la previsión y del control; esta posibilidad establece la frontera de la imputación, que separa el acto propio de la causalidad. (García y Montijano, 2008, p. 4)

Es decir, se analiza desde el punto de vista de la previsión y control si un hecho es derivado de un acto del sujeto pasivo, ante lo cual Karl Larenz introduce el concepto de imputación objetiva diferenciándolo de la imputación subjetiva o a título de culpa en los siguientes términos:

> [...] la imputación tiene que ver, pues, con la cuestión de qué se atribuye a un sujeto como su acción, por qué ha de ser hecho responsable. Esta cuestión puede ser planteada en principio de modo independiente del valor jurídico o moral de la acción; su respuesta no exige, por lo tanto, ningún juicio de valor, en especial ninguna consideración de las cualidades individuales del autor que son fundamentales para la valoración del acto (como, por ejemplo, la medida de su comprensión y sus demás capacidades) si no simplemente un juicio sobre una relación objetiva. Este juicio queremos llamarlo imputación objetiva. Ella nos dice, pues, si un hecho es acto de un sujeto. (García y Montijano, 2008, p. 3-4)

De ahí que para Serrano Escobar (2011) la imputación objetiva es:

> [...] aquel juicio que para la determinación de daños tiene en cuenta únicamente aquellas consecuencias adecuadas al evento dañoso, objetivamente previsibles según el modelo del ser humano más experimentado, al margen de las capacidades y conocimientos concretos del sujeto (imputación subjetiva). Utilizando así la teoría de la adecuación como el instrumento para establecer la imputación objetiva. (p. 54)

En atención a la premisa de que se analiza objetivamente el modelo del ser humano más experimentado, sostiene Jakobs que los límites de los "roles funcionan a la vez como límites de la responsabilidad, de tal forma, que quien se mantiene dentro de los límites de su rol, no responde de un curso lesivo aún en el caso que pudiese evitado perfectamente" (Günther, 1994, p. 24-26). Serrano Roa (2016) precise que la teoría de la imputación objetiva "[t]iene por finalidad establecer a quién pertenece un resultado y para ello se ha valido de diferentes elementos o filtros como (i) el riesgo permitido, (ii) prohibición de regreso, (iii) confianza legítima, (iv) ámbito de protección de la norma" (p. 2).

Partiendo de la base de que en la imputación objetiva no se analiza el rol desarrollado fácticamente por el agente o el sujeto pasivo del daño, sino que se analiza desde la previsión y control frente a los límites de su rol o papel, Pérez Medina (2013) indica que:

> La imputación objetiva en la responsabilidad no está asociada a la vinculación (a través de los nexos instrumentales) del daño en cabeza de un agente o de una conducta humana; por el contrario, la imputación objetiva sí vincula un daño con un comportamiento sin efectuar ninguna valoración de la conducta, pero esa conexión que traza es jurídica y no tiene que ver con la materialidad, tanto así que la imputación objetiva es la atribución de un resultado en cabeza de una persona, natural o jurídica, sin que importe, en el evento de los sujetos inanimados, quién causó materialmente el daño. (p. 43)

Es decir, no se analiza fácticamente lo ocurrido en el hecho dañino sino que el análisis se torna eminentemente jurídico tal y como Mir Puigpelat (2012) sostiene al considerar que:

> [...] la teoría de la imputación objetiva, surgida en derecho civil alemán y recogida y desarrollada, sobre todo, por la dogmática penal, propugna que la cuestión de cuándo un daño debe ser atribuido a una conducta determinada posee una naturaleza esencialmente normativa, valorativa; la constatación de la existencia de relación de causalidad entre la conducta y el daño no es suficiente para atribuir este a aquel porque la causalidad tiene una naturaleza fáctica, naturalística, no normativa y no resulta por ello apta para canalizar la valoración jurídica requerida para llevar a cabo dicha atribución, no resulta apta para decidir cuándo un determinado resultado es jurídicamente obra de una conducta determinada. (p. 249)

Siguiendo esa línea de pensamiento, se podría precisar que la teoría de la imputación objetiva pretende imputar un daño al agente con total prescindencia del análisis no tanto causal, si no fáctico de lo realmente sucedido partiendo de la previsibilidad. De lo anterior surge una inquietud relacionada con la prescindencia del estudio fáctico, en el entendido de que no resulta lógico que se determine que a un agente le es imputable un daño al tener un rol específico y no prever el mismo, sin que se analice lo ocurrido en la realidad de los hechos o como el agente desarrolló su rol o papel fácticamente.

Es por ello que consideramos que la teoría de la imputación objetiva a pesar de tener como bandera y centro de la teoría la prescindencia del estudio causal, requiere un estudio mínimo del análisis fáctico para determinar si se presenta o no alguna condición jurídicamente válida para imputar objetivamente el daño la conducta del agente. Es decir, aunque no se analice la subjetividad de la conducta del agente, si propugna esta teoría por analizar la conducta del agente desde un plano objetivo, empero reiteró, se analiza la conducta del agente, no se prescinde de dicho análisis, solo que el análisis es distinto, recayendo el estudio jurídico frente al resultado no frente a la conducta del agente.

Joachim Rudolphi (1998) precisa que para la imputación "en principio solo es posible cuando en la ejecución de la acción causante del resultado, el suceso concreto que causa el resultado haya sido previsible como posible, aunque también las consecuencias fueran improbables" (p. 31).

En esa línea de pensamiento se podría tener como premisa clara en la teoría de la imputación objetiva que, el estudio final y jurídico para determinar que existió o no imputación recae no sobre la conducta del agente, sino sobre lo que esa conducta generó o dejó de generar derivado del rol o papel específico que el ordenamiento jurídico le asigna particularmente. Es decir, se realiza una mezcla entre el juicio de reproche y la actuación.

Al respecto, Yzquierdo (2017) precisa en relación con los criterios que se analizan en la teoría de la imputación objetiva lo siguiente:

> 1. Riesgo general de la vida: No se pueden imputar objetivamente a quien causó heridas leves a otro, los daños que éste haya sufrido en un accidente de circulación en que se vio envuelto el taxi que le llevaba al hospital. De la misma manera, a quien provocó que el viajero no pudiera volar a la hora prevista no se le puede imputar el que el perjudicado muriera después por estrellarse el siguiente avión, pues eso ya es más bien un riesgo ligado a la propia existencia del hombre en sociedad
>
> 2. Prohibición de regreso: impide retroceder en la cadena causal cuando en ella interfiere la acción u omisión dolosa de un tercero. En el conocido ejemplo de FRANK, no respondería el cazador que deja una escopeta cargada en una taberna en la que se encuentran discutiendo varias personas si alguno de los participantes en la disputa utiliza el arma para matar dolosamente a otro: no habría imputación objetiva, pues, a pesar de haber sido el cazador quien puso en marcha el proceso, ha sobrevenido en la secuencia causal la conducta dolosa de un tercero que impide regresar hasta quien puso en marcha el curso causal.
>
> 3. Criterio de la provocación. Permite excluir la imputación, por ejemplo, del guarda jurado que, persiguiendo a un delincuente, causa daños en una propiedad, siempre que las condiciones de la persecución de ese provocador fueran la adecuadas, teniendo en cuenta las posibilidades del éxito, la oportunidad del momento, los riesgos reconocidos a priori, habrá que imputar los daños al perseguido si son fruto del riesgo aumentado típico de la persecución
>
> 4. El fin de protección de la norma fundamentadora de la responsabilidad: Este criterio se encuentra explícitamente consagrado en el art. 163 del libro 6

del Código Civil Holandés: "Ninguna obligación de indemnización de daños existe, cuando la norma transgredida no tiene por objeto la protección contra un daño como el sufrido por la víctima".

5. El criterio denominado de incremento del riesgo: No puede imputarse un daño a una conducta si, suprimida idealmente ésta, el daño se habría producido también con altísima probabilidad rayana en la certeza, y si aquella conducta no ha incrementado el riesgo de que se produzca el evento dañoso.

6. El Criterio de la adecuación: que permitirá excluir la imputación cuando, conectando el daño con la conducta del autor, aquél sería descartado como extraordinariamente improbable por un observador experimentado que contará con los especiales conocimientos del autor y hubiese enjuiciado la cuestión en el momento inmediatamente anterior a la conducta. (p. 215-219)

Como se puede analizar, existen múltiples criterios de una misma teoría, lo que lleva a pensar si realmente es una teoría sólida que pudiera aplicarse en la resolución de los casos de RPE. Casals (2020) sostiene en relación con este punto lo siguiente:

[...] el factor más importante y el más aplicado internacionalmente para establecerla es la previsibilidad, sea en la forma más directa, que se basa en la idea de que el causante del daño debe ser considerado responsable solo del daño que una persona razonable, de ordinaria prudencia y puesta en su posición, hubiera previsto como resultado probable de su conducta, sea en la forma de adecuación (Adäquanz), como daño que resulta regularmente y de acuerdo con el curso normal de las cosas de la conducta o actividad desplegada. (p. 224)

En consecuencia, en los términos de la previsibilidad de la imputación objetiva se aprecia que se puede confundir en cierto sentido con el criterio de la prognosis objetiva póstuma de la causalidad adecuada, por lo cual se comparten las dudas que se plantea Casals (2020) "sobre qué debe preverse o juzgarse como adecuado, quién debe prever o juzgar la adecuación y cuándo debe realizarse el análisis de la previsibilidad o el juicio de la adecuación (antes o después del evento)" (p. 225).

5.4. CAUSALIDAD PRÓXIMA

En relación con el origen de la teoría de la causa próxima Cuevillas (2000) indica lo siguiente:

[...] fue fundamentada durante el siglo XVI por el filósofo inglés Francis Bacon, en un pasaje de las Maxims of Law, quien sostuvo que sería para el derecho una tarea infinita detenerse en las causas de las causas y las influencias de unas sobre las otras, en una concatenación interminable. Resulta suficiente considerar

> la causa inmediata proximate cause, analizando las acciones según esta última y sin necesidad de remontarse a un grado superior, más distante. (p. 86)

En esta teoría "solo se reconoce así relevancia a la causa más próxima en el tiempo, esto es, a la inmediatamente anterior a la producción del daño. Todas las demás se consideran intranscendentes a efectos jurídicos" (Yzquierdo, 2017, p. 210). En palabras de Campagnucci de Caso (Responsabilidad civil y relación de causalidad, 1984) "esta teoría aísla una de las condiciones y la cualifica como causa. Toma como causa a la condición cronológicamente más próxima al resultado" (p. 39).

Siguiendo la anterior línea de análisis, se podría precisar que la causa próxima como una TC jurídica le asigna la connotación de causa a la última causa física del daño en sentido cronológico. En otros términos, esta teoría tiene como base el estudio de las condiciones que se realiza en la causa física, y de la cual a alguna o algunas se le asigna la categoría de causa física dependiendo de su condición de necesaria frente al daño. Es así que, no se realiza un juicio de la concurrencia causal desde el escenario físico así estén presentes múltiples causas físicas, sino que se acoge como causa la última estructurada desde el plano cronológico.

Es decir, toma como causa próxima al mismo hecho dañino sin hacer distinción con la actuación que lo generó. Campagnucci de Caso (Manual de obligaciones, 1997) sostiene como refutación que "existe mucha dificultad para establecer cuál es la última causa de un hecho, o bien que no siempre la última condición es la verdadera causante del daño, o que se trata de un análisis simple y superficial" (p. 183), pensamiento que comparte Goldenberg (2000) al indicar que "no siempre el antecedente temporal más cercano al resultado en la cadena causal es el determinante de él, puede serlo, en cambio, alguno que lo precedió" (p. 19)[3].

Dicho en forma breve, la principal crítica es la selección objetiva de la última causa física del daño por cuanto la condición temporalmente más próxima al hecho dañino es la verdadera causa, por lo que en palabras de Yzquierdo (2017) "el concepto de inmediatez ha de tener, por lo tanto, un sentido más lógico que cronológico" (p.

---

3 En esa misma línea de pensamiento se puede ver: Gesualdi (2000, p. 73); Yzquierdo (2017, p. 211) y Cuevillas (2000, p. 87).

211), pero esta teoría al invitar a la selección de la causa de manera cronológica "tiende a echar una cortina de humo que hace invisible la responsabilidad de quienes se encuentran detrás del agente inmediato del daño" (Trazegnies, 1988, p. 287).

Se puede concluir que, en principio la utilización de esta teoría implicaría realizar un buen juicio de causa física y una vez realizado, se seleccionaría la última de manera cronológica, no obstante, trae consigo múltiples inconvenientes tales como, (i) si no se realiza un buen juicio de causa física, se le estaría otorgando la categoría de causa jurídica a una mera condición o aún más grave, a un mero evento, (ii) no se realizaría un análisis de concausalidad o de sobredeterminación cuando aplique y (iii) se tomaría como causa sin distinción alguna si proviene de la actuación del Estado, de la víctima, de un tercero o de un hecho de la naturaleza.

Consideramos que esta teoría no puede tener una utilidad práctica y que ofrezca certeza a las partes y al juzgador, pues en términos lógicos su estructura sería un argumento abductivo, pues tomaría una única premisa particular para concluir que de la misma se derivaría el daño, lo cual no se puede aceptar.

5.5. CAUSALIDAD PROBABILÍSTICA

Papayannis (2014) al referirse a la teoría de la causa probabilística, estipula lo siguiente:

> [...] a menudo, cuando nos preguntamos por qué ocurrió un determinado evento, estamos buscando una explicación causal, que presupone alguna ley de cobertura. En el caso más sencillo, una proposición general que afirma una conexión causal entre dos clases de eventos, digamos A y B, equivale a la enunciación de una ley general según la cual siempre que ocurre A y B, equivale a la enunciación de una ley general según la cual siempre que ocurre A tiene lugar B. (p. 163)

Es así que, en el análisis de las teorías de la causalidad y la respuesta que cada una le puede dar a los casos concretos, se ha evidenciado que existen dos grupos en cuanto a la prueba de la causalidad, los que se pueden resolver teniendo como base la teoría causalidad física de la condición necesaria al no existir una incertidumbre causal y los casos en los que dicha incertidumbre se presenta. Es decir, no todas las teorías de causalidad le pueden dar respuesta de una manera uniforme a los distintos problemas de la responsabilidad patrimonial, pues ello implicaría que se tenga como sustento una premisa inválida y desconocedora de la existencia de la incertidumbre causal dando lugar a juicios causales desafortunados.

En respuesta a este segundo grupo, surge la TC probabilística como una respuesta a la incertidumbre causal. Casals (2020) sostiene lo siguiente:

> [...] ni el criterio contrafactual de la CSQN, ni las doctrinas regularistas de la causalidad permiten resolver el problema creado por la incertidumbre causal. Cuando la incertidumbre es recurrente o sistémica, la no responsabilidad puede considerarse indeseable y el legislador o los tribunales pueden optar por resolver los problemas creados por tal incertidumbre mediante criterios de causalidad probabilística... La llamada causalidad probabilística designa un grupo de teorías que tienen por objeto caracterizar la relación entre causa y efecto utilizando las herramientas de la teoría de la probabilidad. La idea central detrás de estas teorías es que las causas cambian las probabilidades de sus efectos, por lo que un efecto puede ocurrir en ausencia de una causa o no ocurrir en su presencia. En este sentido, fumar sería una causa de cáncer de pulmón, no porque todos los fumadores desarrollan cáncer de pulmón, sino porque los fumadores tienen más probabilidades de desarrollar cáncer de pulmón que los no fumadores. Esto es totalmente consistente con que haya algunos fumadores que evitan el cáncer de pulmón y algunos no fumadores que sucumban a él. (p. 236)

Teniendo en cuenta lo anterior, esta teoría brinda una respuesta a esos juicios de responsabilidad en los que no se puede concluir la certidumbre causal, ni como necesaria, ni como suficiente y por ello, al utilizar nociones de probabilidad ingresa al mundo de lo que se conoce como análisis económico de la responsabilidad patrimonial. Sobre el particular, Papayannis (2014) realiza las siguientes precisiones:

> [...] la noción económica de culpa fue presentada por el juez Learned Hand en la famosa sentencia United States v Carroll Towing Co, en la cual sostuvo que la diligencia debida es una función que depende de tres variables: i) la probabilidad de ocurrencia del accidente (p); ii) la gravedad del accidente si ocurre (D); y iii) el coste de las medidas precautorias (M) que pueden evitarlo. De acuerdo con esto, la culpa consiste en la omisión de aquellas diligencias que podrían evitar el accidente a un coste menor que el valor esperado del daño. (p. 154)
>
> La causa probabilística, implícita en la fórmula de Hand, determina que la interpretación económica adscriba a la responsabilidad extracontractual un carácter prospectivo. El propósito de la práctica es minimizar los costes de los accidentes y, con ese fin, se intentan reducir hasta el punto eficiente las probabilidades de que se produzcan pérdidas. Las acciones de los agentes son evaluadas desde una perspectiva *ex-ante*. (p. 168)

Como puede verse, esta TC probabilística en principio se puede utilizar de una mejor manera en los casos de omisiones y particularmente en la relación de explicación causal por cuanto deja como premisa una de las bases: la omisión no es una conducta pasiva simple, sino un no hacer de algo esperado y decretado. En cuanto a la relación con esta teoría, se realiza una precisión mayor, y es que no todo incumplimiento será considerado una omisión jurídica sino que se analiza el grado de relación que se tiene con evitar el accidente a un coste menor.

Papayannis (2014) al referirse al trabajo de Brown de 1973 considera lo siguiente:

> [...] puede verse claramente que la vinculación entre el perjuicio sufrido por la víctima y la adopción de medidas precautorias no es fáctica, sino que se basa en las probabilidades de ocurrencia del hecho dañoso. El modelo asume que los daños esperados son una función de los distintos niveles de diligencia adoptados por los agentes. La efectiva producción del daño, que es un elemento esencial de la causalidad fáctica, es reemplazada por la suma ponderada del coste de los accidentes que se espera que tengan lugar en el futuro... Siendo esto así, la idea de refugiarse en la fórmula de Hand para explicar toda responsabilidad civil, lejos de escapar de los problemas que plantea la causalidad, compromete al AED (análisis económico del derecho) con una noción de causación muy particular. Richard WRIGHT ha señalado que la causalidad probabilística es una concepción extraña de la causalidad, puesto que una acción negligente puede incrementar las probabilidades de ocurrencia de un daño que finalmente no se produce. En este sentido, si la causa es toda condición que incrementa las probabilidades de que acaezca un determinado resultado, esa acción negligente sería causa de un efecto que nunca llegó a suceder[4]. (p. 162)

Hasta aquí, lo que se advierte es que se analiza el comportamiento del agente en función de las probabilidades del hecho dañoso sin analizar la efectividad del daño. Se aprecia igualmente, que se hace una especie de análisis bifronte, en un primer lugar se analizan las causas desde un escenario objetivo en cuanto a la probabilidad de ocasionar un efecto, y en un segundo lugar, se analiza la negligencia del agente o la culpa en relación con su incidencia o no en la causa.

En esa línea de pensamiento, Landes y Posner (1983) sostienen:

> [...] los enunciados causales son el resultado, y no una premisa, del análisis económico del derecho de daños. Así, se considera que un individuo causa un

---

4 Ver WRIGHT, 1988: Causation, Responsability, Risk, Probability, Naked Statistics, and Proof: Pruning the Bramble Bush by Clarifying the Concepts, Iowa Law Review, 73, 1001-1077. p. 1042-1043.

> daño cuando es quien puede evitarlo de modo más económico y no lo hace. Esto no significa que los juristas puedan o deban prescindir de los conceptos centrales que estructuran la práctica de la reparación de daños, ya que a menudo no están capacitados para transmitir las ideas económicas contenidas en las nociones tradicionales... Explícitamente afirman que la violación de un estándar no es negligencia o, si uno desea usar la palabra, no es la causa de un accidente cuando los costes esperados no disminuyen con un nivel mayor de medidas precautorias. (p. 110-111)

Lo anterior, resulta importante para señalar la diferencia que existe entre omisión y causalidad por omisión, pues muy a menudo se confunden dichos conceptos y se considera que la existencia de una omisión o la violación de un estándar es una condición suficiente para concluir que existe una causa por omisión, de ahí que, resulte relevante lo resaltado por Landes y Posner pues se requiere hacer dicho análisis de probabilidad en relación con el aporte que la acción esperada le hubiera hecho al efecto.

De ahí que, en la TC probabilística se realiza una relación de la explicación causal -*en estipulación de* (Muffato, 2014) y se acude a criterios de probabilidad en atención a que esta teoría entra en juego al existir incertidumbre causal y por ende no podríamos utilizar criterios de causalidad física para determinar qué es causa de qué efecto; no obstante, es importante traer a colación la advertencia que realiza Casals (2020) al indicar que esta teoría "no disipa la incertidumbre, sino que permite decidir con base en criterios de causalidad general a pesar de que subsiste la incertidumbre sobre la causalidad específica, es decir, sobre la producción o no producción del hecho relevante en el caso" (p. 237).

Lo indicado, permite afirmar que la causalidad probabilística parte de un escenario de incertidumbre causal desde el plano físico y que para que se le pueda dar una solución plausible desde el plazo jurídico, se analiza la existencia de una causalidad general o criterios generales y solo "cuando contamos con una generalización causal probabilística, y los hechos no encajan con ninguna otra generalización causal, podemos inclinarnos a creer que determinado evento es la causa, aunque no tengamos evidencia directa relativa al hecho que estamos investigando" (Papayannis, 2014, p. 177).

5.6. CAUSALIDAD EFICIENTE

Campagnucci de Caso (Responsabilidad civil y relación de causalidad, 1984) al referirse a la teoría de la causa eficiente, sostiene lo siguiente:

> [...] niega que todas las condiciones se encuentren en igual grado de capacidad en la producción de un resultado, muy por el contrario, es de toda necesidad investigar cuál es la condición más activa o más eficaz, para la producción del evento final. (p. 43)

Goldenberg (2000) por su parte considera que "Galileo formuló una omnicomprensiva definición al sostener que es la condición necesaria y suficiente para la aparición de algo: aquella y no otra debe llamarse causa, a cuya presencia siempre sigue el efecto y a cuya eliminación el efecto desaparece" (p. 4).

Como se puede apreciar, en la TC eficiente se analiza la causa física desde la óptica de la condición necesaria y suficiente, en contraposición al criterio contrafáctico simple de la *conditio sine qua non* que analiza la causa física desde la condicional de necesariedad. No obstante, la misma no es una TC *física, sino de la causalidad jurídica pues tal y como lo precisa* Goldenberg (2000) "Thomas Hobbes discípulo de galileo, su caracterización de la causa *efficiens* constituye el antecedente filosófico mediato de una de las teorías – la denominada de la equivalencia de condiciones que en el plano jurídico pretende explicar la relación de causalidad" (p. 5).

Por lo tanto, esta teoría no es en realidad una contradicción del criterio contrafactual simple, sino de la teoría de causalidad jurídica de la equivalencia de las condiciones. Es decir, en esta TC eficiente se parte de dicho criterio contrafactual simple, pero le realiza un juicio adicional como lo es el de la suficiencia de las condiciones necesarias ya establecidas por la causalidad física pues tal y como lo estipula Gesualdi (2000) la causa eficiente "parte de la premisa que no todas las condiciones pueden llegar a producir un resultado, y que hay algunas más eficientes que otras" (p. 74).

La pregunta básica que surge es cómo se ha de establecer que las causas necesarias desde el plano fáctico, no son solo necesarias sino también suficientes pues tal y como lo advierte Gesualdi (2000, p. 74) "cuando se trata de establecer en la práctica la pauta que sirve para determinar entre las diversas condiciones de un resultado la más eficiente o la más preponderante, se advierte la fragilidad de tales posiciones", lo cual se comparte, pues como se verá, en la práctica dicha selección de causas necesarias para asignarle la categoría de suficiencia dependerá del concepto de suficiencia que se tenga.

Capítulo sexto

Indebida utilización y/o falta de utilización de las teorías de la causalidad en la responsabilidad patrimonial del Estado colombiano

6.1. PLANTEAMIENTO

Teniendo en cuenta la descripción teórica del capítulo precedente, procederemos a analizar algunos casos con el objetivo de justificar que en la resolución de los mismos los jueces en pocas ocasiones mencionan alguna teoría de causalidad jurídica y cuando la hacen, no las utilizan adecuadamente; igualmente, en la gran mayoría de los casos, sencillamente se realiza un juicio de causalidad basado únicamente en premisas de causalidad física. Por otra parte, se denotará que dicha variedad de la indagación causal en la práctica tiene una particularidad, y es la falta de análisis de los distintos juicios de reproche de las actuaciones estatales, lo cual no permite una resolución de los casos con una lógica unificada.

6.2. DAÑOS PRODUCIDOS POR DESCARGA ELÉCTRICA

El 26 de julio de 2021, la Sección Tercera del Consejo de Estado decidió el proceso en el cual se reclamaban los daños derivados de la muerte del señor Giraldo Giraldo. Los hechos se concretan en que el 7 de octubre de 2008, el señor Edgar Norbey Giraldo Giraldo, habitante de la vereda el Roblal del Municipio de Granada – Departamento de Antioquia, sufrió una descarga eléctrica cuando se dirigía a la casa de su vecino Jairo de Jesús López. Tal descarga, consideraban los actores, fue causada por redes de conducción de energía que pertenecían a Empresas Públicas de Medellín ESP, prestadora del servicio público en el lugar de los hechos. A consecuencia de ella, se produjo la muerte del señor Giraldo Giraldo.

En relación con los anteriores hechos, se aprecia que la Sala al realizar el juicio de causalidad hizo alusión a la TC adecuada, pero no se utilizó en realidad para resolverlo. En la sentencia, se indicaron los siguientes argumentos:

> La segunda tendencia se enmarca en la denominada causalidad adecuada o eficiente, en la que solamente las circunstancias fácticas, con vocación o relevancia para la generación del daño han de tenerse en cuenta como causa del mismo, y en este evento es que la Subsección estima que se enmarca el caso que le ocupa, porque se debe verificar si la omisión de Empresas Públicas de Medellín tuvo incidencia en la muerte del joven Edgar Giraldo. Para esta Sala, esto no fue así, ya que el deceso no se produjo por falta de mantenimiento y control de las redes que le pertenecían a la entidad demanda, toda vez que no hay material probatorio que permita concluir que dichas redes se encontraran en mal estado; por el contrario, según las pruebas documentales y testimoniales allegadas al plenario, se observa que se encontraban de conformidad con las disposiciones aplicables y que cumplían con la distancia mínima requerida, por lo que el daño se configuró por un evento ya establecido en el plenario, como es la instalación de cables conductores de energía conectados por terceros, los cuales Empresas Públicas de Medellín no tenía obligación de vigilar y controlar. (Consejo de Estado, Sección Tercera, Exp. 05001233100020110022901, 2021)

De la anterior argumentación, se resalta inicialmente que se trae a colación la TC adecuada pero le asigna el significado de causalidad eficiente, pues se indica que "solamente las circunstancias fácticas, con vocación o relevancia para la generación del daño han de tenerse en cuenta como causa del mismo" (Consejo de Estado, Sección Tercera, e05001233100020110022901, 2021). Igualmente, al resolverse el caso se utilizaron conceptos como el de la causa directa y causa necesaria.

La coincidencia de las anteriores teorías mencionadas en la sentencia, permite develar un aspecto que es crucial para la causalidad, como lo es la indebida utilización de las teorías de la causalidad jurídica y particularmente, de la TC adecuada, pues, fíjense que al tratar de resolver el caso no se realizó la *prognosis póstuma*, ni se realizó el juicio retrospectivo de causalidad.

Analizando el juicio causal que realizó la Sala encontramos lo siguiente:

- El daño objeto de análisis fue la muerte.
- En relación con el hecho dañino, no existió incertidumbre causal, pues se consideró que fue la descarga eléctrica del cable de energía.
- Para determinar qué condiciones originaron la descarga eléctrica, se realizó un juicio inicial de causalidad física y sus respectivas condiciones tales como, la instalación de redes eléctricas fraudulentas y la intervención de la víctima en la manipulación de las mismas. Éstas dos condiciones en términos de lógica jurídica se constituyeron en necesarias pues no existe una sobredeterminación causal.
- Posteriormente, se analizó la omisión que se estaba imputando como causa. Recuérdese que la omisión imputada consistió en, si la demandada tenía la obligación de realizar mantenimiento y vigilar las redes eléctricas que ocasionaron el daño y en relación con la misma, se aprecia que se realizó un adecuado análisis, pues se precisó si la demandada tenía o no la obligación de realizar dicho mantenimiento y al considerarse que las redes eléctricas no eran de propiedad de la demandada, sino de un tercero que las había instalado de manera fraudulenta, se consideró que no existió omisión. Por otra parte, si se hubiera concluido que sí existió omisión en realizar el mantenimiento y vigilar las redes eléctricas, lo válido por afirmar es que dicha omisión imputada no se constituyó en una condición, tal y como se indicó previamente.
- Se echa de menos el análisis detallado de una omisión que se encontraba implícita, como lo es si la demandada omitió su obligación de evitar la instalación de redes eléctricas por terceros. Únicamente se indicó que la demandada solo tuvo conocimiento de la instalación de las mismas en el momento de la audiencia de conciliación. No obstante, se resalta que este planteamiento causal no fue realizado por el demandante. Es decir, se realizó un juicio de reproche de manera inválida por el demandante.

Siguiendo la anterior línea de análisis, se tiene que el juicio de causalidad que realizó el Consejo de Estado técnicamente fue correcto[1] por las siguientes razones: (i) se trató de analizar en primera el daño y su relación de causalidad con el hecho dañino, (ii) luego se determinó que no existió una acción del Estado en la relación de causalidad con el hecho dañino, (iii) se analizó posteriormente la omisión directa y (iv) no se le adscribió a la inactividad la categoría de omisión.

Con este caso, al igual que muchos otros se deja claro que no es necesario traer a colación teorías de causalidad jurídica si el juicio no ha superado el análisis de la causalidad física, pues resultó irrelevante que se indicara y precisarán los conceptos de causa adecuada, eficiente y directa; consideramos que ello confunde más el juicio.

6.3. DAÑOS PRODUCIDOS POR ACCIDENTE DE TRÁNSITO

El 19 de marzo de 2021, la Sección Tercera del Consejo de Estado decidió el proceso en el cual se reclamaban los daños derivados de la muerte de la señora Blanca Inés Contreras Molina. Los hechos se concretan en los siguientes:

> [...] el 20 de agosto de 2004 en el municipio de Ramiriquí, un vehículo atropelló a Blanca Inés Contreras Molina, quien, como consecuencia de las lesiones causadas, falleció días después, el 5 de septiembre de la misma anualidad. Los demandantes pretendían que se declarara la responsabilidad del municipio de Ramiriquí, porque, a su juicio, lo determinante en la producción del resultado lesivo fue la ausencia de señalización que indicara que una de las vías de ese ente municipal se encontraba cerrada para el tránsito vehicular[2].

Al resolverse el caso, se indicaron los siguientes argumentos:

> [...] a juicio de la Subsección no es posible afirmar, de manera indefectible, que la ausencia de una señal de tránsito hubiese sido la causa generadora del daño padecido por los demandantes y, por esa razón, no es dable asegurar que su existencia fuera causa insalvable de accidentes como el que ocurrió... En definitiva y por la forma como ocurrieron los hechos, resulta incuestionable, que la causa eficiente del daño obedeció a la conducta de

1 Aunque en su argumentación un poco desordenada.

2 Hechos descritos en la sentencia del Consejo de Estado, Sección Tercera, Exp. 15001233100020060295401.

> Víctor Moreno Vásquez, quien perdió el control del camión que conducía y que inició un recorrido en reversa sin ningún tipo de control, con la terrible consecuencia de que atropelló a Blanca Inés Contreras, peatón que se desplazaba en ese momento por el lugar. (Consejo de Estado, Sección Tercera, Exp. 15001233100020060295401, 2021)

Teniendo en cuenta la anterior descripción, se aprecia que el Consejo de Estado inició su estudio causal con la determinación de las condiciones y posteriormente, precisó cuál era la causa física la que en el presente caso se constituyó en la pérdida del control del camión que conducía el señor Víctor Moreno. Igualmente, se resalta que aunque se menciona la TC adecuada, la misma se indica sin distinción con la causalidad eficiente; es más, se indica que no existe una causa jurídica por cuanto la causa eficiente es la actuación del señor Moreno, lo que en últimas toma como premisa completa para negar las pretensiones la causa física, pero sin realizar el juicio de causalidad adecuada al que nos invita la teoría.

Se resalta igualmente, que se consideró que existió una omisión por parte del Municipio, lo cual técnicamente daría lugar a que esa omisión sea apta de estudiarse como un reproche obligacional, y ante lo cual, se consideró que no solo existió una condición que se constituyó en necesaria y suficiente con el hecho dañino como lo fue la falta de destreza del conductor al momento de maniobrar el vehículo.

En conclusión, el anterior caso nos demuestra que no es necesario en todos los casos acudir a las teorías de la causalidad jurídica para resolver válidamente un caso, pues solo se debería acudir al juicio jurídico de la causa cuando exista desde el punto de vista físico. Fíjese que en el caso se analizó la omisión desde el plano fáctico en el sentido de que a pesar de estructurarse la misma, se planteó la cuestión contrafactual de si la omisión no se hubiera presentado el hecho dañino no se hubiera producido y la conclusión fue negativa al tenerse probado que la condición necesaria fue una condición o actuación distinta a la omisión.

De ahí que, este caso nos plantea la siguiente cuestión: si una vez realizada la indagación causal desde la causa física del daño, se concluye que no existe una actuación del demandado que se constituya en una relación de causalidad con el hecho dañino, resultaría innecesario pasar al nivel de análisis de la causa jurídica.

Al respecto, se considera que la estructura de la indagación causal nos debe invitar a determinar inicialmente el daño reclamado, el hecho dañino, las actuaciones que tenga una relación con el hecho dañino y el juicio de reproche propuesto por la parte demandante. Posteriormente, sí realizar el estudio de la causa física y seguidamente el juicio de la causa jurídica con los reproches obligacionales, pues los dos análisis en conjunción determinarían el concepto de la causalidad en el caso concreto.

6.4. DAÑOS PRODUCIDOS POR INUNDACIÓN

El 19 de marzo de 2021, la Sección Tercera del Consejo de Estado decidió el proceso en el cual se reclamaban los daños derivados de la inundación que se produjo por el rompimiento de un dique el 9 de noviembre de 2010, en el sitio denominado "El Roble" del municipio de Morales, Departamento de Bolívar[3]. Los demandantes pretendían lo siguiente:

> [...] se declarara la responsabilidad de la Corporación Autónoma del Magdalena, por omisión administrativa al no ejercer el suficiente y oportuno con-

---

[3] Los hechos acreditados en la sentencia del Consejo de Estado, Sección Tercera, Exp. 68001233300020130014401 son los siguientes:
"- El 4 de julio de 2006 CORMAGDALENA y el Consorcio El Roble suscribieron un contrato de construcción de obras para el control de inundaciones en el sector de El Roble municipio de Morales (Bolívar) con un plazo de ejecución de 3 meses a partir del acta de inicio.
- El Instituto de Hidrología, Meteorología y Estudios Ambientales IDEAM certificó el comportamiento de los niveles entre los días 1 y 30 de noviembre de 2010 en lo que se destaca que el 9 de ese mes y año el nivel del agua en la estación de Gamarra (lugar cercano al Roble) tuvo un nivel entre 7,00m y 7,06m y que la cota de desbordamiento en dicha estación corresponde a 7,72m.
- El dique se rompió el 9 de noviembre de 2010 según lo acreditaron el certificado suscrito por el secretario de planeación e infraestructura, el Comité de Prevención y de Atención de Desastres y la secretaria de la veeduría ciudadana de Morales (Bolívar)
- Los daños del predio "Bello País" generados por el rompimiento del dique de contención ubicado en el sitio denominado "El Roble" del municipio de Morales (Bolívar) fueron avaluados en $318.883.744 según consta en el dictamen rendido por el ingeniero Pedro Elías Bautista Useda.

trol sobre el contrato 0-00043 del 4 de julio de 2006, cuyo objeto era la construcción de una obra para el control de inundaciones en el sector "El Roble" del municipio de Morales (Bolívar)[4].

En este proceso se utilizaron las teorías de la causalidad adecuada y de la causalidad probabilística, pero sin aplicarlas al caso, pues como se verá, no fueron necesarias para resolver el problema jurídico. Al respecto, se indicaron los siguientes argumentos:

> 27. Por otra parte, a efectos de que opere la fuerza mayor por el hecho de la naturaleza como eximente de responsabilidad, es necesario aclarar, en cada caso concreto, si tal hecho tuvo, o no, injerencia y en qué medida, en la producción del daño. En ese orden de ideas, resulta dable concluir que para que la fuerza mayor tenga plenos efectos liberadores de la responsabilidad estatal, es necesario que el hecho de la naturaleza no sólo sea la causa del daño, sino que constituya la raíz determinante del mismo, es decir, que se trate de la causa adecuada, pues en el evento de resultar catalogable como una concausa en la producción del daño, no eximirá al demandado de su responsabilidad y, por ende, del deber de indemnizar. (Consejo de Estado, Sección Tercera, Exp. 68001233300020130014401, 2021)

La Sala al precisar lo anterior, deja claro que primero se deben analizar las causas desde un sentido físico, pues indica que "es necesario que el hecho de la naturaleza no sólo sea la causa del daño" (Consejo de Estado, Sección Tercera, Exp. 68001233300020130014401, 2021), y con posterioridad a ello, sí, analizar desde el punto de vista de la causalidad jurídica, que en este caso indicó la TC adecuada al referir que dicha causa física "constituya la raíz determinante del mismo". No obstante, se aprecia que existe una contradicción en el análisis causal, pues se está confundiendo la causalidad adecuada con la causa física desde una óptica de la teoría del criterio *INUS* o *NESS*, al indicarse que "no sólo sea la causa del daño, sino que constituya la raíz determinante del mismo...en el evento de resultar catalogable como una concausa en la producción del daño, no eximirá al demandado de su responsabilidad" (Consejo de Estado, Sección Tercera, Exp. 68001233300020130014401, 2021).

- El IDEAM certificó el comportamiento de la precipitación en el año 2010 en el que se evidencia que en el mes de noviembre se presentaron lluvias sin precedentes y se calificó como un mes extremadamente lluvioso."

4 Pretensiones descritas en la sentencia del Consejo de Estado, Sección Tercera, Exp. 68001233300020130014401.

Lo que se está precisando de manera implícita es que la causa física consistente en un hecho puro y simple de la naturaleza, debe ser la condición suficiente del daño. De ahí que, en términos lógicos lo que está tratando de precisar la Sala es si "A y B son condiciones necesarias dentro de un conjunto de condiciones suficientes, pero B es una actuación estatal, B sería desde el plano de la causalidad jurídica, en la causante del daño en un sentido de suficiencia" lo cual no tiene sentido pues se estaría adjudicando la categoría de causa suficiente, a una causa que es necesaria dentro de un conjunto de condiciones suficientes, en la que lo integran otras condiciones necesarias.

No obstante lo anterior, al resolver el caso concreto precisó lo siguiente:

> 37. En este punto y en relación con la causa del daño, observa esta Colegiatura que, conforme a la jurisprudencia contencioso-administrativa, la relación fáctica entre un hecho dañoso y un daño ha sido determinada con fundamento en el criterio de causalidad adecuada, de conformidad con el cual, se configura el nexo cuando la acción es aquella que normalmente lo produce.
>
> [...] Dicho fenómeno fue irresistible e inevitable; la demandada no tenía la posibilidad de llevar a cabo algo para evitar el daño, fue imprevisible en el entendido que si bien pudo ser, hasta cierto punto, imaginado, resultó repentino y abrumador ya que nunca se había presentado algo de tal magnitud en el país.
>
> 42. En consecuencia, al margen de la omisión de vigilancia y control por parte de CORMAGDALENA sobre el contrato de obra 00043 del 4 de julio de 2006 enunciada, aunque no declarada por el tribunal en primera instancia, por encontrar probado el evento extraño, lo cierto es que para la época de ocurrencia de los hechos los niveles ascendentes del río, las fuertes lluvias y la ola invernal en niveles sin precedentes, como consecuencia del fenómeno denominado "de la niña", resultan ser la causa adecuada del daño. Es por ello que se encuentra configurado el eximente de responsabilidad de fuerza mayor por el hecho de la naturaleza y se confirma la sentencia objeto de alzada. (Consejo de Estado, Sección Tercera, Exp. 68001233300020130014401, 2021)

Teniendo en cuenta la anterior descripción de lo que fueron las consideraciones de la Sala, se precisa que si bien se indicó que se analizaría la TC adecuada, lo válido por afirmar es que no pasó de ser una mera mención propositiva, pues al resolver el caso en términos simples y de manera implícita tuvo en cuenta las siguientes premisas: (i) la única causa física del daño fue lo que denominó la Sala una fuerza mayor, aunque técnicamente hubiera sido mejor indicar que la causa física del daño fue un hecho puro y simple sin intervención humana, (ii) existió una omisión consistente en no vigilar y controlar el contrato de obra y (iii) la omisión no fue causa jurídica del daño, pues aunque existe un reproche obligacional no se podía evitar la ocurrencia de la actuación que generó el hecho dañino consistente en el rompimiento del dique.

No obstante, se echa de menos la argumentación que justificara la afirmación de que la causa adecuada del daño era el fenómeno denominado de La Niña. Igualmente, se precisa un tema importante, que la existencia de una omisión no es una condición suficiente para declarar la existencia de una causalidad por omisión.

La anterior sentencia deja una huella clara que existe en la jurisprudencia y es que se mencionan las teorías de causalidad como una mera distracción y, en realidad, se decide de otra manera más sencilla, sin complicaciones teóricas, pero no se tiene la sinceridad jurisprudencial para indicarlo pues como se vio, el juicio causal en este caso era más sencillo, que el que se realizó.

6.5. PROCESOS DE GUÍA DE ANÁLISIS

Teniendo en cuenta los anteriores cuatro ejemplos, y para efectos de no traer el análisis de un gran número de sentencias, pues ello no es el objetivo de la presente investigación, nos permitimos enlistar algunas sentencias para el análisis, en las cuales se sigue la tesis consistente en la no utilización de las teorías de la causalidad jurídica de manera acertada en la resolución de los casos, develando que en la gran mayoría de los casos, resulta inoficioso traerlas a colación.

Tabla 1. Procesos guía de análisis

Radicado	Despacho	Fecha	Tema
41001333300820170014400	Juzgado Octavo Administrativo de Neiva	20/01/22	Daños ocasionados por privación injusta de la libertad
11001333704020170023801	Tribunal Administrativo de Cundinamarca	24/11/21	Daños ocasionados por investigación de responsabilidad fiscal
05001333302620120045400	Juzgado Veintiséis Administrativo de Medellín	28/03/22	Daños ocasionados por deslizamiento de tierra
11001334306320170023900	Juzgado Sesenta y Tres de Bogotá	28/03/22	Daños ocasionados por proceso de extinción del derecho de dominio
70001333100620050154600	Juzgado Sexto Administrativo de Sincelejo	25/03/22	Daños ocasionados por desplazamiento forzado
05001233300020130168001	Tribunal Administrativo de Antioquia	10/03/22	Daños ocasionados por desaparición forzada
05001233100020060047601	Consejo de Estado	26/01/22	Daños ocasionados por captación masiva de dinero
11001334306420160034500	Juzgado Sesenta y Cuatro de Bogotá	17/06/21	Daños ocasionados por error jurisdiccional
20001233100020100051001	Consejo de Estado	18/12/20	Daños ocasionados por atentado terrorista
50001233100020022021000	Tribunal Administrativo del Meta	11/03/21	Daños ocasionados por accidente aéreo

Elaboración propia

Con las anteriores sentencias se pretende justificar desde un plano pragmático la manera como se están analizando los casos de RPE y la falta de rigurosidad en algunos casos para decidir de una manera más o menos uniforme lo que justifica esta investigación y propuesta, que no es otra que estipular una TC en la RPE que permita brindar una metodología de análisis para los distintos tipos de actuaciones que realiza el Estado y el consecuente juicio de reproche o relación de explicación causal como se verá.

Capítulo séptimo

Los juicios de reproche obligacional de la actuación estatal

7.1. PLANTEAMIENTO

Una de las particularidades de la RPE que reviste gran importancia para su distinción con la civil, es precisamente los tipos de actuaciones que se analizan como premisas de reproche. Al respecto, si bien el Estado comparte la dualidad de actuación entre acción y omisión como ocurre con los particulares, es válido afirmar que la clasificación práctica que se da en cada ámbito varía sustancialmente, en atención a que el Estado se manifiesta en principio a través de distintos tipos de actuaciones, tales como, los actos administrativos, los hechos administrativos, las operaciones administrativas, los contratos, las omisiones y las ocupaciones temporales o permanentes por trabajos públicos, entre otros.

Tal escenario, nos invita a reflexionar inicialmente en relación con los tipos de actuaciones que se pueden analizar desde el plano de la causalidad en la RPE, pues de ello dependerá el juicio práctico que se deberá realizar en atención a que dichas actuaciones deben estar totalmente ligadas a lo que se conoce como el funcionamiento del servicio público o en un sentido más amplio, al funcionamiento del servicio estatal.

Coleman (2010) al respecto precisa lo siguiente:

> Lo que necesitamos, entonces, es una explicación que sea más restrictiva que el test sine qua non, pero que sea más débil que el test concluyente de la causa próxima. En otras palabras, necesitamos una explicación de la causalidad que pueda brindar razones de peso para imponer responsabilidad. (p. 276)

Es así que, siguiendo la estipulación recogida en el artículo 90 de la Constitución Política Colombiana, se tiene que los distintos tipos de actuaciones se pueden agrupar básicamente en dos: las acciones y las omisiones. Es decir, el Estado actúa positivamente o el Estado actúa negativamente y por ello, en este capítulo trataremos de realizar una aproximación a las debidas estipulaciones de significados requeridas para ahondar en el análisis de la causalidad en la RPE y sus diferentes variaciones como se verá.

El punto de partida radica en qué se entiende por actuación estatal o en un sentido más cerrado, por funcionamiento de los servicios públicos. Al respecto, Mir Puigpelat (2012) precisa:

> [...] la expresión constitucional funcionamiento de los servicios públicos ha sido objeto de la interpretación orgánica anteriormente predicada de la LEF y de la LRJAE y que ya conocemos, funcionamiento de los servicios públicos como sinónimo del giro o tráfico administrativo, esto es, sinónimo de toda actividad de la Administración pública, con la sola excepción de la desarrollada en relaciones de Derecho privado. (p. 19)

Por su parte, García de Enterría (2006) señaló:

> [...] funcionamiento del servicio público, había que entenderse toda actividad típica de la Administración (Actividad jurídica – emanación de reglamentos y actos administrativos – y actividad material; tanto por acción como por omisión), todo el giro o tráfico administrativo, y no ya sólo el concreto ámbito de actividad administrativa de tipo prestacional conocida por servicio público. (p. 199-201)

Ello autoriza a concluir que, el concepto de actuación del Estado para el análisis de la responsabilidad patrimonial no debe ser dimensionado únicamente desde el concepto teórico de Administración Pública (Abogacía General del Estado de España, 2015, p. 92), sino desde un aspecto más amplio como el giro o actividad normal que realiza cualquier entidad pública o agente en ejercicio de sus funciones. En ese contexto, la Abogacía General del Estado de España (2015) considera:

> [...] lo primero que hemos de significar cuando se trata de definir este concepto en el ámbito de la responsabilidad patrimonial, es que no estamos ante el concepto técnico jurídico de servicio público propio del derecho administrativo, sino ante una acepción vulgar o no jurídica del término. De esta manera nada tiene que ver el servicio público a efectos de responsabilidad, con la idea de publicatio (sic) o de la actividad de la Administración dirigida a proporcionar utilidad a los particulares en el cumplimiento de sus funciones dirigidas al interés general, sino que, al contrario, en esta materia concreta, el servicio público se entiende en el sentido más amplio posible, como cualquier actividad, gestión o actuación propias de la Administración inherentes a su natural quehacer, incluyendo tanto el ejercicio de potestades administrativas, como las meras actividades materiales, como las omisiones o pasividades

> cuando la Administración tiene el deber de obrar o comportarse de un modo determinado, e incluso la simple titularidad de competencias. (p. 214)

Bajo esa tesitura, se resalta una idea y es que el servicio público o la función estatal, de una u otra manera debe ser ejecutada y ahí es donde surge la idea de que su ejecución se da por acción o por omisión. Cosculluela Motaner (2018) por su parte válidamente sostiene que:

> Los servicios públicos no deben ser entendidos en sentido estricto como una concreta modalidad de la acción administrativa, sino en un sentido amplio y predominantemente subjetivo, que incluye a toda la actividad e incluso inactividad por omisión de obligaciones de actuar de cualquier Administración Pública. (p. 649)

Del mismo modo, Bermejo Vera (2013) sostiene que los servicios públicos "han sido interpretados en sentido amplio por abundantísima jurisprudencia, como equivalentes a las actividades ordinarias de la Administración, esto es, a la acción administrativa en su conjunto, que abarca todo el giro o tráfico ordinario de la administración" (p. 477). Lo cual se comparte igualmente por Rodríguez López (2010) al indicar que la expresión servicios públicos "se refiere a cualquier actividad de la Administración de donde pueda surgir la figura del daño injustificado para el particular y de donde aparece, al mismo tiempo, la obligación de indemnizar" (p. 204).

Lo anterior, permite estipular que por actuación estatal se debe entender para efectos de la RPE, como toda acción u omisión del Estado en cumplimiento de sus funciones. En otras palabras, tenemos que identificar si el Estado actuó o no actuó, y para ello resulta importante precisar qué es una acción y qué es una omisión estatal.

Es así que, la causalidad en la RPE básicamente trata de responder la pregunta ¿cuándo un daño puede ser atribuido al Estado? y para ello, debemos reiterar que el Estado actúa de la siguiente manera:

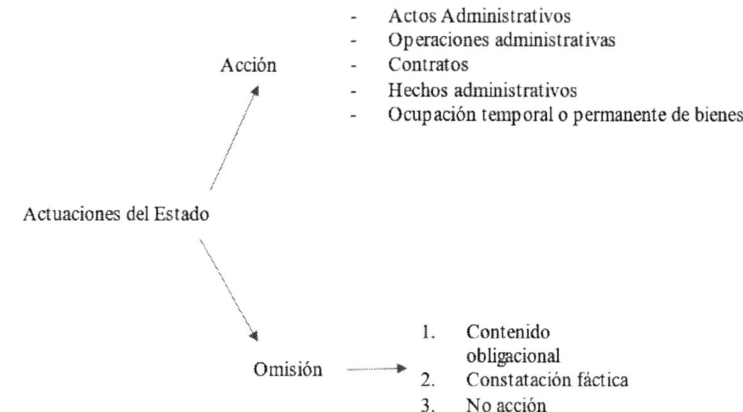

Elaboración propia

7.1.1. La acción o acto positivo estatal

Teniendo en cuenta lo previamente desarrollado, resulta importante precisar qué se entiende por un acto positivo del Estado. Olivares Torres (2017) precisa al respecto lo siguiente:

> Bajo ese entendido, se podría indicar que el acto positivo en la responsabilidad extracontractual del Estado es una secuencia de movimientos estatales realizados materialmente por los Agentes, que producen un efecto o cambio en el mundo, derivado de la intención de preservar el interés general. Ello, teniendo en cuenta que lo primero que la víctima debe observar es si el efecto reclamado sobrevino de una secuencia de movimientos estatales realizados por un Agente, en un escenario de tiempo, modo y lugar descrito en las funciones dadas. (p. 54)

Siguiendo la anterior línea de análisis, la acción del Estado no puede entenderse como cualquier movimiento institucional desde un punto de vista material, sino que dicho movimiento debe tener un vínculo con el servicio, pues lo relevante como premisa para la causalidad no es la acción del agente, sino la acción del agente en cumplimiento de sus funciones, o en un sentido más amplio, la acción del Estado.

Es así que, se considere que las actuaciones por acción sean la manifestación expresa de la voluntad del Estado tales como, los actos administrativos, los hechos, las operaciones administrativas, los contratos y las ocupaciones temporales o permanentes de bienes inmuebles. Dichas actuaciones permiten determinar si la función se realizó o no, con independencia si se realizó de una manera adecuada, pues tal y como se estipulará más adelante, lo importante es que el servicio hubiera actuado.

7.1.2. La omisión estatal

En esta parte se tratará de desarrollar el concepto de omisión jurídica (Olivares Torres, 2017, p. 96-111) y de contera, el de omisión estatal el cual servirá de premisa para analizar las actuaciones con reproche obligacional, por lo que resulta importante precisar qué se debe entender por omisión, en la medida de que la falta de precisión de tan importante concepto conlleva en no pocos casos a asignarle al Estado obligaciones que nunca ha tenido, o que teniéndose resulta imposible cumplirlas dando viabilidad a lo que se conoce como la falla relativa del servicio en términos de fundamento de la responsabilidad.

Goldenberg (2000) indica que la "omisión no se identifica con una mera conducta pasiva del agente, es necesario que el comportamiento que se omite sea una acción esperada, en cuanto supone la preexistencia de un deber jurídico de obrar en una determinada forma" (p. 155). Así que, existe una gran diferencia entre una mera conducta pasiva simple o inacción y una omisión, en el entendido de que la omisión está unida a la conducta decretada por el ordenamiento jurídico y no cualquier conducta, si no una conducta particular, lo cual resulta lógico en el entendido de que exigirle al Estado obligaciones que no están radicadas en su cabeza, conlleva a una contradicción lógica si se quiere concluir que existe responsabilidad.

En esa línea argumentativa, surge una pregunta, ¿la omisión se analiza frente a todo el contenido obligacional, o solo frente a lo que se podía hacer dentro del contenido obligacional? En respuesta a dicho interrogante González Lagier (Las paradojas de la acción, 2013) sostiene que "la omisión consiste en no hacer algo que se podía y debía haber hecho, o al menos que se esperaba que se hiciera" (p. 162), lo cual se comparte, en el entendido de que existen obligaciones generales en cabeza del Estado derivadas de principios como por ejemplo proteger en su integridad a toda la comunidad, el cual está estipulado en el artículo segundo de la Constitución Política; sin embargo, cuando se analiza el caso particular, o se baja de nivel dicha obligación, tenemos que el Estado así esté cumpliendo sus obligaciones de manera general, resulta totalmente imposible evitar un hecho dañino en ciertos eventos particulares.

En tal sentido, "lo que se quiere decir cuando se afirma que la omisión es un no hacer es que la omisión implica siempre la ausencia del movimiento corporal adecuado para realizar la acción que se esperaba, no la ausencia de todo movimiento" (González Lagier, Las paradojas de la acción, 2013, p. 163); es decir, omitir es la ausencia de un movimiento institucional esperado dentro de las posibilidades de actuar, por lo que omisión no es una conducta pasiva simple, omisión es falta de acción esperada o decretada. La omisión se predica únicamente de la intención de no ejecutar algo que sabe que puede ejecutar.

Ahora bien, al responder a la pregunta de **¿Quién o qué determina cual es la acción esperada o decretada? Tenemos que desde** el punto de vista del observador o de la víctima, la expectativa que señala qué acción es la que se omite se debe analizar teniendo en cuenta los deberes y obligaciones del Estado vinculados a los movimientos institucionales esperados, los cuales encontramos en todo el ordenamiento jurídico. Así que, no se puede predicar que existió una omisión de una conducta que no está expresamente establecida como obligación particular en alguna norma, por lo cual se debe justificar en el juicio de responsabilidad el incumplimiento particular a determinada norma y no realizar como se indicó previamente, conexiones causales inexistentes.

7.2. LOS REPROCHES A LAS ACTUACIONES DEL ESTADO

Teniendo en cuenta lo precisado en los capítulos precedentes, se pretenderá desarrollar de una manera más detallada en este sección lo que se ha venido indicando como el análisis de la causalidad en la RPE y particularmente, de los reproches obligacionales.

Se precisa que las actuaciones estatales tanto por acción como por omisión no son en estricto sentido las que se deben analizar de una manera directa y simple desde un punto de vista causal, sino lo que se debe analizar es su proyección y/o interacción con la víctima, el hecho dañino y las demás actuaciones, en el sentido de que esa modulación de la actuación estatal es la que realmente tendría la potencialidad de causar un daño desde el plano físico y jurídico.

Lo anterior, en atención a que como se pudo apreciar en los capítulos precedentes, existe una gran contradicción en la manera como se abordan los casos de RPE y particularmente, cómo se aborda el estudio de la causalidad. Se ha descrito que, si bien existen las teorías de causalidad física, se utilizan de manera implícita, pero sin un orden específico y en relación con las teorías de la causalidad jurídica, no pasan de ser meras menciones en las sentencias, pero sin una aplicación técnica.

Ello conlleva a que se trate de proponer en este trabajo una metodología de análisis de la causalidad en los casos de RPE, pues es claro que las teorías existentes no se acompasan claramente con los distintos tipos de actuaciones que realiza el Estado y que tienen una proyección causal, generando que en la práctica jurídica no exista uniformidad de análisis causal lo cual es un aspecto sumamente grave y es que se condene al Estado sin existir causalidad o se absuelva existiendo causalidad e imputación.

En relación con lo anterior, consideremos que lo que se analiza de las actuaciones en términos de causalidad como elemento de la RPE, serían básicamente dos, (i) las actuaciones sin reproche obligacional y (ii) las actuaciones con reproche obligacional; pues es allí, en donde se nutre todo el juicio de responsabilidad, y se establecerán las premisas básicas para que se estructuren los fundamentos o títulos de imputación. La propuesta de la metodología de análisis del juicio de causalidad es la siguiente:

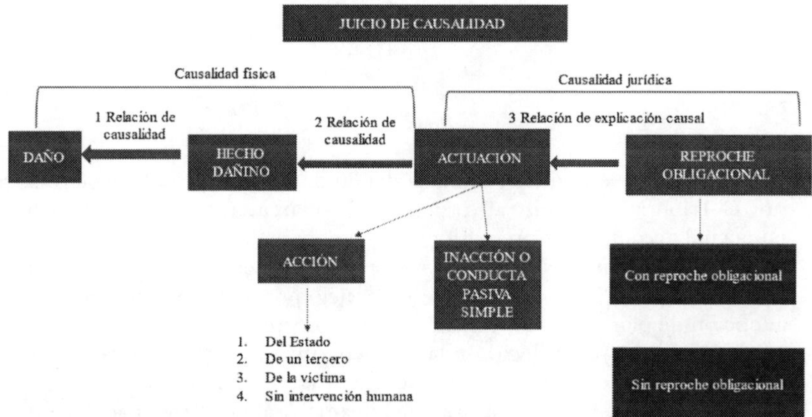

Elaboración propia

En los anteriores términos, se procederá a analizar el juicio de causalidad desde su visión física y jurídica bajo el entendido de que para la resolución de un caso, se deberá dejar plasmado inicialmente la propuesta o hipótesis de causalidad, es decir, cuál es el daño, el hecho dañino, la actuación y el reproche obligacional. Una vez realizada dicha hipótesis, sí se procedería con el análisis particular de cada uno de los elementos iniciando por la causalidad física.

7.3. EL ANÁLISIS DE LA CAUSALIDAD FÍSICA

Normalmente se considera que la relación de causalidad o el llamado nexo causal está entre la actuación y el daño, y en algunas ocasiones se realiza dicho nexo entre el título de imputación y el daño[1]; no obstante, consideramos que en la práctica dicha relación resulta problemática para la determinación de la causalidad pues se toman indistintamente premisas tanto descriptivas como prescriptivas o juicios de valor y por ello, se propone que el análisis de la causalidad física se realice desde dos enfoques en conjunción, (i) la relación de causalidad entre el hecho dañino y el daño, (ii) la relación de causalidad entre la actuación y el hecho dañino. En tal sentido, pasaremos a explicar dichas premisas.

---

1 Como ejemplo, se tiene la sentencia del 30 de marzo del 2022 proferida por el Tribunal Administrativo de Cundinamarca en primera instancia en la cual accedió a las pretensiones de la demanda con tres razones: (i) existió un daño antijurídico consistente en la vulneración del derecho a la propiedad. (ii) existió una falla del servicio por omisión o ausencia de adopción de planes o estrategias de seguridad y medidas adecuadas para evitar la perturbación ilegal de la propiedad privada del demandante y (iii) existió un nexo de causalidad entre el daño y la falla del servicio. Como se aprecia, realizó el estudio del nexo causal no entre la actuación y el daño, sino entre la actuación y el título de imputación de falla en el servicio que consideró estructurado. (Tribunal Administrativo de Cundinamarca, Sección Tercera, Exp. 25000233600020170043500, 2022).

7.3.1. La relación de causalidad entre el hecho dañino y el daño

Teniendo en cuenta que la principal función de la RPE es la reparadora, es lógico que se pueda afirmar que el centro de análisis de la causalidad y que se constituye el punto de partida es el daño, entendido este como la lesión a un derecho.

En tal sentido, la primera relación de causalidad está entre el daño que se reclama con el hecho dañino, entendido este como la alteración de un estado de cosas preexistente que se relaciona de una manera directa e inmediata con el daño; es decir, el hecho dañino es el que determina el inicio del elemento cierto del daño, a diferencia de la actuación causante que estaría en la segunda relación de causalidad. Por ejemplo:

Tabla 2. Relación de causalidad entre el hecho dañino y el daño

Daño	Hecho dañino	Actuación causante
Afectación al derecho a la propiedad	La inscripción en el folio de matrícula inmobiliaria de la limitación al derecho a la propiedad por inclusión en una zona de reserva forestal	Acto administrativo que ordenó la creación de una zona de reserva forestal
Pérdida de ingresos por parte de una Institución Prestadora de Salud por el no pago de facturas por parte una Empresa Prestadora de Salud	La materialización de la liquidación de la Empresa Prestadora de Salud	Acto Administrativo que ordenó la liquidación
La vida	El impacto de un proyectil de arma de fuego	La acción de la Policía Nacional en disparar un arma de fuego de dotación oficial
La no disposición del uso y goce de los bienes inmuebles	La inscripción en el folio de matrícula inmobiliaria de la medida cautelar	Decreto de la medida cautelar emitida por la Fiscalía General de la Nación dentro de un proceso de extinción del derecho de dominio

Elaboración propia

Bajo ese contexto, el hecho dañino será lo que materialmente causa de una manera inmediata y necesaria el daño, por lo que en esta primera relación de causalidad, se debe determinar desde un punto de vista extensional qué hecho se constituye en una condición necesaria para el daño, pues a partir de dicha relación se podría determinar la segunda relación como se verá.

Es importante precisar que no se puede confundir el hecho dañino con la actuación misma, pues si bien pueden compartir elementos, es válido afirmar que no son en un sentido extensional idénticos, sino que el hecho dañino deriva de la actuación y es precisamente esa dualidad la que nos permitiría concluir con un alto grado de certeza qué generó el daño desde un punto de vista material.

7.3.2. La relación de causalidad entre la actuación y el hecho dañino

Una vez determinado el hecho dañino y su relación de causalidad con el daño reclamado, se deberán analizar y precisar todas las condiciones que llevaron a que el hecho dañino se presentara. Por condiciones se entiende en los términos estipulados por Muffato (2014, p. 69) en el sentido de que no deben ser una mera asociación de eventos, sino que deben ser eventos necesarios para que el hecho dañino se estructure en condición de tiempo, modo y lugar.

Para estructurar esta relación causal será necesario determinar desde un punto de vista extensional cuáles actos positivos o negativos se constituyen en condiciones necesarias para el hecho dañino, las cuales pueden ser de un tercero, la víctima o del Estado, igualmente, se deberá determinar si la condición es un hecho puro y simple o de la naturaleza. En ese sentido, resulta necesario diferenciar dos tipos de actuaciones que se pueden constituir como premisas del hecho dañino y que se pueden presentar de maneta suficiente, o de manera necesaria dentro de un conjunto de condiciones suficientes.

(i) Las acciones materiales o actos positivos que pueden ser realizadas por el Estado, un tercero, la víctima o por un hecho de la naturaleza que tienen una relación necesaria con el hecho dañino.

Se podría pensar en un caso en el cual un agente estatal dispara su arma de dotación oficial y le genera la muerte a una persona, o en el caso de una fuerte lluvia que generó una avenida torrencial. En este escenario es importante que analicemos desde un punto de vista extensional qué generó el hecho dañino y puede ser una sola acción o en conjunción con otras.

(ii) La inacción o la conducta pasiva simple. Es claro que no toda inacción es una omisión, pues se requiere un contenido obligacional que así lo estipule y en ese sentido, consideramos que, desde el análisis de la relación de causalidad entre la actuación y el hecho dañino, no se pueden incluir las omisiones como premisas, sino su elemento descriptivo como lo es la inacción. Por ello, se debe realizar el contrafáctico no desde la omisión, sino desde la inacción que es un concepto material sin atribuirle incumplimientos obligacionales al Estado pues ello podría alterar el juicio de causalidad jurídica. En tal sentido, la inacción se puede presentar desde dos ópticas:

- Las acciones o actos positivos que no se realizaron y que desde un juicio contrafáctico, hubieran contribuido a la no estructuración de la acción que tiene relación causal con el hecho dañino. Se pueden traer a colación los casos de desplazamiento forzado en los que un grupo subversivo ingresa a un corregimiento y amenaza a los habitantes, el contrafáctico sería qué acciones se hubieran realizado para que el actuar del grupo subversivo no se hubiera presentado.
- Existen eventos en los cuales no se puede predicar una inacción para que la acción no se diera, como sería en los casos de hechos puros y simples o de la naturaleza, por ello, la inacción que se puede predicar es la no realización de una acción que le hubiera restado efectividad contributiva a la acción material en su relación causal con el hecho dañino, o a pesar de que se diera la acción, no se hubiera presentado el hecho dañino.

  Este evento se aplicaría en los casos en los cuales se da una omisión pura y simple y que la falta de realización de una acción generó el hecho dañino, e igualmente, en los casos en los cuales materialmente no se puede evitar una acción de un tercero, víctima o de la naturaleza y por ello, el análisis debe realizarse desde una acción contributiva negativa, es decir, se debe probar qué acciones se hubieran realizado para que la acción que sí se dio y que no se podía evitar, hubiera generado el hecho dañino.

La anterior clasificación resulta de gran importancia, pues desde allí parte el análisis de la relación de explicación causal dentro de la causalidad jurídica tal y como se verá más adelante. Por ello, dentro del planteamiento de la hipótesis inicial se debe estipular a cuál o cuáles de las actuaciones se está haciendo referencia desde un punto de vista extensional y, sobre todo, cuáles están probadas dentro del proceso.

7.4. EL ANÁLISIS DE LA CAUSALIDAD JURÍDICA: LA RELACIÓN DE EXPLICACIÓN CAUSAL ENTRE EL JUICIO DE REPROCHE Y LA ACTUACIÓN

Una vez concluida estructuración de la o las actuaciones que se constituyeron en una causa física, lo que se sigue, es realizar la relación de explicación causal en la que se deberá justificar en otras palabras, si el daño fue causado por una actuación del Estado desde un punto de vista normativo o intensional. Este paso parecería obvio una vez realizado el juicio de causa física, pero, en la práctica este paso se omite en la gran mayoría de los casos y es por ello resulta fundamental estructurar un argumento que dé cuenta que la actuación que se considera causa física sí es una manifestación del funcionamiento normal o anormal del Estado, y en ese sentido, resulta importante realizarnos la siguiente pregunta ¿cuál es el juicio de reproche que se le realiza al Estado? y la respuesta puede ser en dos líneas totalmente diferenciadas o excluyentes.

La primera es que el Estado realizó un acto positivo que se constituye en condición necesaria para el hecho dañino y que se realizó correctamente dentro del marco de las funciones y sin incumplir algún contenido obligacional. Es decir, esta primera respuesta es lo que hemos venido considerando sin reproche obligacional la cual tiene como premisa inicial un acto positivo del Estado.

La segunda respuesta es lo que hemos llamado el reproche obligacional y no es otro que considerar que existe un acto positivo y/o un hecho puro y simple o de la naturaleza que se constituyó en condición necesaria para el hecho dañino y en relación con la cual el Estado no realizó la acción esperada o decretada por el ordenamiento jurídico que hubiera podido contribuir a la no realización de la acción o la disminución contributiva de la acción inevitable.

En tal sentido, pasaremos a analizar cada uno de los enfoques, no sin antes precisar que para atribuirle responsabilidad patrimonial al Estado se requiere la prueba del nexo con el servicio mismo. Al respecto, Mir Puigpelat (2012) válidamente precisa que "en el primer nivel de imputación se plantea cuando una conducta desarrollada por una persona física puede ser atribuida a la Administración pública, cuando puede decirse que ha existido una actuación de la administración" (p. 251). Por su parte la Abogacía General del Estado de España (2015) indica lo siguiente:

> Sin perjuicio del necesario análisis del nexo causal entre el servicio público y el daño causado, a la hora de exigir la responsabilidad patrimonial se haría necesario un nuevo juicio o razonamiento previo que conecte a su vez el servicio público, no sólo con la Administración Pública en general, sino con una Administración Pública concreta, determinando así la legitimación pasiva.
>
> (...)
>
> Como ha quedado indicado, el concepto de Administración deriva esencialmente del concepto de servicio público. Sin embargo, la atribución de responsabilidad patrimonial a una Administración Pública, dada su condición de persona jurídica, exige en muchos casos la búsqueda de la persona física responsable y su conexión de una u otra forma con una Administración Pública. Todo ello debe entenderse sin excluir la posibilidad de indemnizar los llamados daños anónimos... De esta forma serán imputables a la Administración Pública todos los actos u omisiones que realicen las autoridades y el personal al servicio de una Administración Pública, pero siempre dentro de su actuación pública y no en el ámbito de una actuación privada. (p. 92, 93, 108)

Cosculluela Motaner (2018) considera:

> [...] debe existir una relación de causalidad entre el funcionamiento del servicio o, si se prefiere, la actividad o inactividad administrativa, y la lesión producida. La relación de causalidad debe ser directa, lo que debe excluir los daños ocasionados por la acción de sus agentes en su vida particular o privada. No es necesario, en cambio, que la relación de causalidad sea exclusiva. (p. 650)

En esa misma línea de pensamiento, Parejo Alfonso (2003) al referirse al carácter de vinculación de la actuación del agente con la administración y/o el Estado indica:

> [...] es obvio que toda Administración, en cuanto organización, precisa siempre actuar a través de personas físicas, ligadas o vinculadas a ella por varios títulos. Cuestión importante es, por tanto y sobre todo en servicios de características específicas, determinar en qué condiciones la acción o la omisión de un agente personal se imputa a la organización como tal... La imputación tiene lugar siempre que se trate de personal integrado en la organización administrativa correspondiente, que actúe desempeñando las funciones o tareas que en la misma tenga asignadas. Sólo si el agente opera claramente al margen de sus funciones queda aquella imputación excluida... La clave de la imputación es, por tanto, la de la integración del agente en la organización administrativa... Por lo que respecta al carácter directo del nexo causal, la evolución más reciente registra una cierta tendencia hacia la laxitud en la interpretación cuando de la imputación del daño por conducta de un agente de la Administración se trata, señalando que la responsabilidad de la Administración no puede ser tan amplia que alcance a los daños derivados de actos puramente personales de sus servidores que no guardan relación con el servicio. (p. 878, 883)

Por su parte, Fernández Farreres (2018) precisa que "para que surja una responsabilidad patrimonial imputable a la Administración debe mediar la acción o tráfico jurídico ordinario que ésta realiza, así como la de sus autoridades o la de sus funcionarios o empleados" (p. 458).

Todo lo previamente descrito nos permite sustentar la tesis de que, el camino lógico de análisis hasta este momento es, una vez determinadas cuáles son las causas físicas del daño, en la causalidad jurídica, es necesario realizar el estudio de si dicha actuación estuvo o no vinculada a la función estatal o de la administración pública.

Bajo ese contexto, una vez establecida la vinculación de la actuación la actuación de la administración, es claro que el enfoque de análisis se detendrá ahora en el tipo de actuación del Estado o de la administración, pues ya no interesaría en últimas que la actuación del agente sea regular o irregular siempre y cuando, se reitera, esté vinculada a la actividad estatal. En este tópico García de Enterría y Fernández (2013) precisan que "justificada la integración del autor material del daño en la organización administrativa, el hecho de que la conducta de aquél sea ilícita o culpable es, en principio, indiferente a los efectos de imputar las consecuencias lesivas de la misma" (p. 407). En palabras de Moreno Molina (2012):

> La responsabilidad de las administraciones públicas se extiende a todos los posibles daños que sean consecuencia del funcionamiento de los servicios públicos; y ello, aunque la irregularidad causante del daño fuera atribuible personalmente a un funcionario a título de dolo, culpa o negligencia. La única excepción la constituyen los actos puramente personales del funcionario con desconexión total del servicio. (p. 323)

Teniendo en cuenta lo anterior, es claro que el primer nexo que se debe acreditar es con el servicio mismo, con el objeto de concluir que la administración sí realizó una actuación sea por acción u omisión. De ahí que, es necesario dicho análisis para determinar que no nos encontramos ante una actividad privada del agente. Al respecto, García de Enterría y Fernández (2013) consideran:

> [...] sobre esto, sin embargo, conviene hacer algunas precisiones, ya que, por muy generosa que quiera ser la fórmula legal, es obvio que la cobertura de la Administración no puede ser indefinida en estos casos, de forma que alcance a los daños derivados de actos puramente personales del agente. El fenómeno de imputación a la administración de la conducta lesiva de las personas que emplea se detiene, naturalmente, en los límites del servicio público, que es la referencia que la Ley utiliza, excluyendo la actividad privada de aquéllos. (p. 407)

En esta misma línea, Fernández Farreres (2018) indica que "los daños derivados de actividades o actuaciones de las autoridades, funcionarios o empleados públicos, que no guarden relación con el servicio en ningún caso permitirán imputar el daño a la Administración a la que se encuentran vinculados" (p. 463).

En relación con el alcance de las denominadas actuaciones privadas o particulares del agente que, lógicamente al no tener vínculo con el servicio mismo o actividad estatal, no comprometen la responsabilidad del Estado, Gil Botero y Rincón Córdoba (La responsabilidad patrimonial del servidor público, 2016) realizan la siguiente reflexión en relación con el ordenamiento jurídico colombiano:

> El concepto de falta personal ha sido utilizado por la jurisprudencia administrativa para indicar supuestos en los que el Estado no debe responder por la actuación de individuos con los que mantiene un vínculo jurídico laboral. De este modo, se trata de un obrar perjudicial que puede imputársele al servidor público por ser este quien lo realizó, pero que no es atribuible a la administración toda vez que su realización se dio por fuera del ejercicio de las funciones a él encomendadas. También se ha señalado que hay falta personal en supuestos en los que el comportamiento desplegado en el ejercicio de las atribuciones asignadas al cargo se llevó a cabo desnaturalizando la finalidad que el ordenamiento jurídico prevé para su ejercicio, o bien mediante una vía de hecho, una irregularidad burda o aún la comisión de un delito. No obstante, se advierte que incluso si se dan los eventos delimitados puede existir falla del servicio cuando exista una conexión entre la actividad y las competencias de las entidades u organismos (...).
>
> Es importante destacar que la presencia de falla personal en el caso colombiano conlleva a la falta de imputación al Estado, pues la jurisprudencia ha sido enfática en señalar que sólo responde la administración cuando entre el hecho desplegado por el agente y el servicio existe algún nexo, siendo determinante la apariencia, es decir, no tanto la materialidad del vínculo del que se habla o la intencionalidad del dependiente, sino la exterioridad del comportamiento, es decir, "si a los ojos de la víctima el comportamiento lesivo aparecía como derivado de un poder público, siquiera en la vertiente del funcionamiento anormal de un servicio. (p. 61, 62)

Las anteriores apreciaciones toman vida en el ordenamiento jurídico colombiano cuando se analizan por ejemplo las llamadas vías de hecho judiciales o cuando se estudian los casos de responsabilidad por culpa personal del agente, en las cuales en la primera se realiza un acto positivo con intención estatal pero sin tener en cuenta toda la normatividad aplicable o desconociendo la misma[2], mientras que en la segunda no se realiza una intención estatal, si no una acción privada del agente dentro de un escenario de tiempo, modo y lugar destinado para ejecutar la función administrativa y/o la función estatal encomendada, que es distinto a la primera y que impide imputar responsabilidad al Estado, al no darse ese primer nivel de análisis[3].

Al respecto, en sentencia de la Sección Tercera del Consejo de Estado del 1 de julio del 2004, la cual se constituye fundadora sobre el tema de la culpa personal, se indicó lo siguiente:

> [...] como se dijo, para determinar si la falla se presenta en relación o con motivo del servicio, la jurisprudencia colombiana ha acogido el test de conexidad, según el cual para determinar si la conducta del agente vincula al servicio, es necesario establecer la existencia de diferentes nexos como el temporal, el instrumental y el espacial, que son expresiones del denominado (nexo perceptible), o si aquel actuó con el deseo de cumplir una función propia de su cargo, o bajo su impulsión, aspectos a los que se refiere el denominado (nexo inteligible).
>
> Las actuaciones de los funcionarios solo comprometen el patrimonio de las entidades públicas cuando las mismas tienen algún nexo o vínculo con el servicio público. La simple calidad de funcionario público que ostente el autor del hecho no vincula necesariamente al Estado, pues dicho funcionario puede actuar dentro su ámbito privado separado por completo de toda actividad pública la responsabilidad de las entidades públicas únicamente queda comprometida cuando la conducta dañosa del agente implica la manifestación externa del funcionamiento del servicio público. (Consejo de Estado, Sección Tercera, Exp.15176, 2004)

La anterior sentencia fue reiterada por la Sección Tercera del Consejo de Estado el 17 de marzo del 2010[4] y mediante sentencia del 7 de febrero del 2011, en las que se aclaró el tema indicándose lo siguiente:

---

2 Se puede consultar al respecto las sentencias del Consejo de Estado, Sección Tercera, de 5 de diciembre del 2007, Exp. 15128; 3 de septiembre del 2015, Exp. 34255 y 13 de mayo del 2015, Exp. 33911.

3 Se puede consultar al respecto las sentencias del Consejo de Estado, Sección Tercera, de 12 de febrero del 2015, Exp. 31579; 6 de octubre de 1994, Exp. 8200; 28 de abril del 2010, Exp.18322 y 17 de marzo del 2010, Exp.18526.

4 Consejo de Estado, Sección Tercera, Exp. 17656, 2010.

> [...] para establecer los límites entre el nexo con el servicio y la culpa personal del agente, se deben analizar y valorar las particularidades de cada caso concreto, como quiera que el vínculo instrumental, funcional u ocasional, por sí mismo no compromete, la RPE. Lo anterior, en la medida que el test de conexidad establecido en la providencia del 17 de julio de 1990, expediente No. 5998, tal y como se puntualizó en anterior oportunidad, no conduce inexorablemente a dar por acreditada la obligación de reparación.
>
> [...] lo que importa para atribuir al Estado, si a los ojos de la víctima aquel comportamiento lesivo del agente aparecía como derivado de un poder público, si quiera en la vertiente del funcionamiento anormal de un servicio público. (Consejo de Estado, Sección Tercera, Exp. 19038, 2011)

Igualmente, en sentencia del 29 de abril del 2015 el Consejo de Estado precisó lo siguiente:

> Resulta importante precisar que sin perjuicio del daño, en su conexidad con el servicio reside la responsabilidad de la administración por la acción omisiva de sus agentes. En este sentido, la jurisprudencia de la Sala ha señalado que la calidad de funcionario público por sí sola resulta insuficiente para imputar al Estado el daño causado por el agente, pues, aunado a su condición, la conducta deberá guardar relación con el servicio directa o indirectamente, pues es este, más que el agente, el que hace responsable a la administración. (...) para determinar si el hecho dañoso guarda relación con el servicio se deberá examinar la situación concreta para establecer si el funcionario actuó en condición de autoridad, en razón de la misma o en función del servicio, para lo cual se habrá de examinar la actuación u omisión, es decir, importa establecer (...) si a los ojos de la víctima aquel comportamiento lesivo (...) aparecía como derivado de un poder público". Es decir, no basta el uso del uniforme, tampoco el arma de dotación, la cercanía con la instalación oficial y la coincidencia con el tiempo de servicio. Por tratarse de circunstancias que no tendrían que causar daño, como tampoco condicionarlo. (Consejo de Estado, Sección Tercera, Exp. 31406, 2015)

Bajo las anteriores premisas, es claro que el Consejo de Estado tiene como elemento importante para determinar si existió o no una actuación del Estado, la intención estatal y no la voluntad del agente o actuación privada del mismo. Igualmente, de la precitada sentencia se extrae una premisa probatoria importante para determinar si existió o no voluntad del agente, y es la apreciación subjetiva que la víctima realiza sobre la conducta del agente, lo cual resulta lógica bajo el entendido de que es la víctima la que en el hecho dañino se encuentra de manera personal con la conducta desplegada por el agente.

Como respaldo de lo anterior, en sentencia del 27 de enero del 2016 la Sección Tercera del Consejo de Estado precisó lo siguiente:

> [...] tiene bastante averiguado la jurisprudencia de la Sección Tercera del Consejo de Estado que para el atribuir el daño causado por un agente al servicio del Estado solo es posible cuando ese daño ha tenido vínculo con el servicio, es decir, que las actuaciones de los funcionarios solo comprometen el patrimonio de las entidades públicas cuando las mismas tienen algún nexo o vínculo con el servicio público, toda vez que la simple calidad de funcionario público que ostente el autor del hecho no vincula necesariamente a la Administración, habida cuenta de que dicho funcionario puede actuar dentro su ámbito privado, separado por completo de toda actividad pública. (Consejo de Estado, Sección Tercera, Exp. 33220, 2016)

En la precitada sentencia, el Consejo de Estado deja claro que el vínculo con el servicio es lo que guía el proceso de responsabilidad patrimonial del Estado, en el entendido de que las actuaciones de los agentes del estado "solo comprometen el patrimonio de las entidades públicas cuando las mismas tienen algún nexo con el servicio público". Siguiendo esa línea de pensamiento, es dable precisar que la única intención que se constituye como elemento dentro de un concepto de acto positivo del Estado, es la intención estatal y no la voluntad personal del agente. Por ello, al constatarse que no existió intención estatal por parte del agente resulta claro que se presenta el fenómeno de la falta de actuación del Estado que conlleva a falta de causalidad tanto física como jurídica.

7.4.1. El análisis de la actuación sin reproche obligacional

La premisa natural del análisis de la actuación sin reproche obligacional es la siguiente: La causa física o una de las causas físicas del daño, es una acción del Estado ajustada al ordenamiento jurídico y por tanto, no se realiza un juicio subjetivo de la misma en cuanto a algún incumplimiento obligacional. El juicio sin reproche obligacional está dado en que el Estado al ejercer su función normal generó un daño antijurídico.

Dicha acción pragmáticamente se pueden presentar en la concreción de un riesgo creado por el Estado, pues se parte de la premisa de satisfacer un interés general. Igualmente, encontramos las actuaciones sin riesgo creado para la víctima o propia del giro ordinario del Estado. Existen eventos en los cuales el Estado no crea ningún tipo de riesgo y aun así, se ven incluidas dentro de un escenario de daños, tales como los producidos por un acto administrativo que no ha sido cuestionada su presunción de legalidad. Por ejemplo, una limitación de la propiedad con ocasión de la inclusión en una reserva forestal, la liquidación de una empresa prestadora de salud, etc.

Es necesario justificar jurídicamente que dicha acción se deriva propiamente del funcionamiento normal de la función estatal, de lo contrario, se estaría asumiendo como causa toda proyección material legal del actuar del Estado y no se estaría acudiendo a la función reparadora, sino al principio de solidaridad.

Con el objeto de realizar un válido juicio de causa jurídica sin reproche obligacional, consideramos que la causa física será causa jurídica del daño, solo cuando exista una explicación intensional de que el daño sea consecuencia de ese funcionamiento normal del servicio. Al respecto podemos traer como referencia de análisis el siguiente caso:

El 18 de noviembre de 2021, la Sección Tercera del Consejo de Estado decidió el proceso en el cual se reclamaban los daños derivados de la relimitación de una reserva forestal[5]. En dicha sentencia se realizó de manera implícita el siguiente juicio de causalidad:

---

5 Los hechos acreditados en la sentencia del Consejo de Estado, Sección Tercera, Exp. 25000232600020070029401 (44670) son los siguientes:
"3.2.- Mediante Acuerdo número 30 del 30 de septiembre de 1976, el Instituto Nacional de Recursos Naturales no Renovables y del Ambiente (INDERENA) declaró como reserva forestal protectora la zona denominada Bosque Oriental de Bogotá. El Ministerio de Agricultura aprobó dicho acuerdo mediante la Resolución número 76 del 31 de marzo de 1977 y ordenó la inscripción de la reserva en los folios de matrícula inmobiliaria de los inmuebles que resultaran afectados; entre ellos, los inmuebles de propiedad de los demandantes.
3.3.- El 14 de abril de 2005 mediante Resolución número 463, el Ministerio de Ambiente, Vivienda y Desarrollo Territorial redelimitó el área de la reserva forestal Bosque Oriental de Bogotá, adoptó la zonificación y reglamentación de usos y estableció los parámetros para el ordenamiento y manejo de los cerros orientales de Bogotá. Dicha resolución fue aclarada por la Resolución 519 del 22 de abril del mismo año. Estos actos administrativos no obran en el expediente.
3.4.- El 20 de mayo de 2005 la Oficina de Registro de Instrumentos Públicos inscribió la redelimitación de la reserva y su aclaración sobre los inmuebles identificados con los folios de matrícula número 50N-797033,

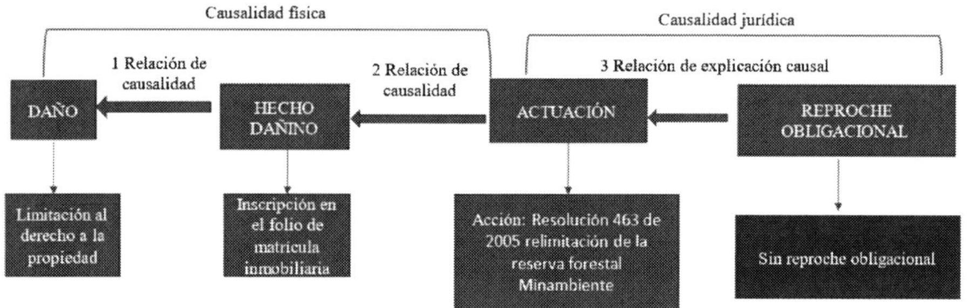

Elaboración propia

Como puede advertirse, el hecho dañino consistió en la inscripción en el folio de matrícula inmobiliaria de la afectación ordenada por los actos administrativos, y desde ese momento, se dio por probado el daño reclamado desde su visión cierta. Al respecto, el Consejo de Estado precisó:

> 8.2.2.- De conformidad con las disposiciones transcritas, la publicidad de las afectaciones realizadas sobre la propiedad inmueble se realiza mediante la inscripción en el respectivo registro de instrumentos públicos.
>
> 8.3.- Así las cosas, en el caso concreto, la afectación de los inmuebles sólo se presentó a partir de la inscripción de la misma en el registro de instrumentos, el cual fue ordenado por las propias resoluciones que impusieron las restricciones al derecho de propiedad de los demandantes. (Consejo de Estado, Sección Tercera, Exp. 25000232600020070029401)

En el presente asunto, se realizó un reproche sin incumplimiento obligacional, pues alegaban que el daño era antijurídico a pesar de que había sido causado por actos administrativos lícitos o con presunción de legalidad. No obstante, el Consejo de Estado consideró que el daño se estructuraba en jurídico.

Estos casos nos permiten evidenciar que la causalidad es un elemento independiente de la imputación, pues al realizarse el juicio

---

de propiedad de la sociedad Bosques de Santa Ana Ltda. y 50N-543372, de propiedad de la demandante, Josefina Gutiérrez de Rueda.
3.5.- Pese a que el Ministerio de Agricultura ordenó el registro de la reserva forestal en la Resolución número 76 de 1977, la inscripción en los folios de matrícula número 50N-797033 y 50N-543372 sólo se realizó hasta el 10 de marzo de 2006, por solicitud del Ministerio de Ambiente…".

causal de los casos en los que se reclaman daños derivados de actos administrativos que gozan de presunción de legalidad, normalmente no existiría incertidumbre en cuanto a las dos relaciones de causalidad y la relación de explicación causal; no obstante, al realizarse el análisis de imputación que sería bajo un régimen objetivo de responsabilidad, se determina la existencia o no de los criterios particulares y es si ese daño a pesar de haber sido causado por una actuación lícita del Estado, se torna en antijurídico, y como se aprecia en el caso que se trae a colación, el Consejo de Estado realizó así el juicio de responsabilidad patrimonial del Estado.

7.4.2. El análisis de la actuación con reproche obligacional

El juicio con reproche obligacional está dado en que el Estado al ejercer su función que se constituye en anormal generó un daño antijurídico. Las premisas del análisis de la actuación con reproche obligacional serían las siguientes:

(i) La causa física o una de las causas físicas del daño, es una acción del Estado no ajustada al ordenamiento jurídico y por tanto, se realiza un juicio subjetivo de la misma en cuanto al incumplimiento obligacional particular.

(ii) la causa física o una de las causas físicas del daño es una inacción sea desde la no realización de acciones o actos positivos que desde un juicio contrafáctico, hubieran contribuido a la no estructuración de la acción que tiene relación causal con el hecho dañino, o desde la no realización de una acción que le hubiera restado efectividad contributiva a la acción material en su relación causal con el hecho dañino, o a pesar de que se diera la acción, no se hubiera presentado el hecho dañino y por tanto, se realiza un juicio subjetivo de la misma en cuanto al incumplimiento obligacional particular y en especial, si se tenía la obligación o estaba decretada realizar la acción esperada.

Con el objeto de realizar un válido juicio de causalidad Estatal cuando se analiza una causa con reproche obligacional, consideramos que dicha actuación negativa será causa del daño, solo cuando exista una conexión directa entre la proyección del servicio público y la actuación que tiene relación de causalidad con el hecho dañino que tiene a su vez, relación de causalidad con el daño acaecido. En otros términos, solo será causa cuando el daño sea consecuencia de ese funcionamiento anormal del servicio.

De ahí que, para determinar si existe ese vínculo causal por omisión será necesario analizar, justificar y probar a la causalidad por omisión, pues normalmente se analizan como una especie independiente las omisiones causales del grupo de las actuaciones por acción o actos positivos; no obstante, lo que se quiere significar en este trabajo es que de las actuaciones por acción también se derivan omisiones o en nuestros términos, reproches obligaciones y es en relación dichos reproches que se debe realizar el juicio causal.

Consideramos que no resulta necesario acudir a las teorías tradicionales de causalidad jurídica para darle solución, pues dicha justificación debe ser directa en relación con la condición necesaria del hecho dañino y el contenido obligacional que no realizó la autoridad y en todo caso, siempre existirá un mínimo de incertidumbre causal en este escenario y por ello, solo basta por recordar que se realiza un reproche obligacional y ese debe ser el centro de análisis de la relación de explicación causal. Al respecto podemos traer como referencia de análisis los siguientes casos:

a. En el Tribunal Administrativo de Cundinamarca se adelanta un proceso de reparación directa en contra del Ministerio de Transporte con ocasión a los siguientes hechos[6]:

> El artículo 17 de la Ley 769 del 2002 y el artículo 4 de la Ley 1383 del 2010, estipularon que todo titular de una licencia de conducción estaba en la obligación de cambiarla sin costo alguno.
>
> El parágrafo del artículo 17 de la Ley 769 de 2002, subrogado por el artículo 244 de la Ley 1450 de 2011 y reglamentado por el Decreto 019 de 2012, dispuso que el cambio de licencia debía hacerse dentro del término de 48 meses, los cuales vencieron el 30 de noviembre del 2014.
>
> El Ministerio de Transporte mediante la circular MT 20134200253441 del 10 de julio de 2013, ordenó a los entes territoriales y organismos de tránsito realizar operativos pedagógicos para que se requiriera a los ciudadanos la renovación.
>
> Se sustituyeron en total 6.365.484 licencias de conducción, cada una con un valor de $ 150.000 con destino al Ministerio de Transporte.

---

6 Los hechos en la demanda que se adelanta en el Tribunal Administrativo de Cundinamarca, Sección Tercera, Subsección B, Exp. 11001334305820160041701.

Igualmente, se aprecia del hecho cuarto de la demanda que la parte actora prescribe la siguiente premisa: "El Ministerio de Transporte mediante la circular MT 20134200253441 del 10 de julio de 2013, tenía la obligación de informarle a los entes territoriales y organismos de tránsito que la renovación de las licencias era gratuita". Igualmente, de la consideración 1A de la demanda, se infiere que el demandante considera que el Ministerio de Transporte no podía cobrar por el trámite de las licencias pues "la propia ley que hubiera podido imponer la tasa o contribución, expresamente dispuso que la operación de sustituir o cambiar la licencia de conducción a que se refiere la Ley 769 de 2002, no tendría costo alguno".

Teniendo en cuenta lo anterior, lo primero que se debe identificar es la hipótesis del juicio de causalidad o guía de análisis y posterior a ello, sí realizar el análisis particular de cada relación. En el caso que se trae a colación, dicha hipótesis sería la siguiente:

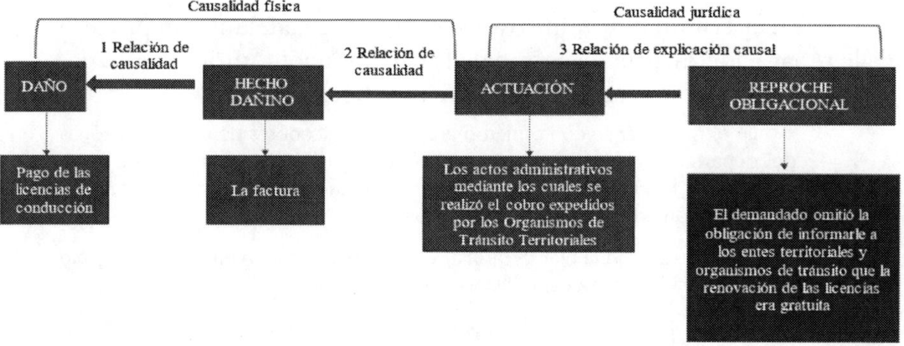

Elaboración propia

El anterior caso sería un claro ejemplo de un juicio de reproche obligacional en relación con una causa física realizada por el Estado no ajustada al ordenamiento jurídico, puesto que en el juicio de causalidad que propone demandante se aduce que los actos administrativos de cobro de las licencias de conducción se expidieron de manera irregular por los Organismos de Transito -*que no fueron demandados,* puesto que el Ministerio de Transporte, no advirtió en la circular MT 20134200253441 del 10 de julio de 2013, que dicho trámite era gratuito.

No obstante, en este caso se advierte que la actuación que se alega que contiene un incumplimiento obligacional y que por ende sería la de analizarse desde la óptica de la explicación causal fue realizada por múltiples entidades públicas del orden territorial que no fueron demandadas y por ello, ante esta advertencia, el reproche obligacional dentro del caso se estructuraría en lo que se denominó como la inacción desde la no realización de acciones o actos positivos que desde un juicio contrafáctico, hubieran contribuido a la no estructuración de la acción que tiene relación causal con el hecho dañino. En el caso que se trae a colación, es claro que dicha inacción el demandante la estructura en la citada circular.

De ahí que, con ese panorama se podría entrar a analizar la causalidad de una manera más precisa, pues nos permitiría denotar si la supuesta inacción que se aduce si es en realidad una condición para el hecho dañino y sí constituye o no, un juicio de reproche obligacional mediante una omisión y en el caso concreto, si se puede predicar una inacción y una consecuente omisión en un acto administrativo que está amparado por la presunción de legalidad.

b. En el Tribunal Administrativo del Cesar se adelanta un proceso de reparación directa en contra de la Corporación Autónoma Regional del Cesar con ocasión a los siguientes hechos[7]:

> En el río Cesar se conformaron grupos de pescadores de diferentes zonas del departamento de Cesar y la mayoría de ellos se fueron asentando en la calle 34 del barrio San Martin, quienes se dedicaron a la pesca artesanal, distribuían y comercializaban sus productos.
>
> Se construyeron la planta Tarullal y el lagunar Salguero para el tratamiento de aguas residuales y alcantarillado de la población.
>
> Para el año 1997 Corpocesar solicitó a las Empresas Públicas de Valledupar (Emdupar) corregir las fallas que estaban contaminando el río Cesar y la contraloría también le hizo en control de advertencia ante posible detrimento patrimonial por daño ambiental, relacionado con los sistemas de tratamiento de aguas del Tarullal y el Salguero en 2006 y 2007.
>
> Corpocesar sancionó a Emdupar por el daño ambiental que se ha generado por el vertimiento de desechos contaminantes provenientes del Tarullal y el Salguero y en 2008 también la multó por incumplimiento a su plan de manejo ambiental.
>
> El Juzgado Tercero Administrativo del Circuito de Valledupar, en acción popular, ordenó a Emdupar adoptar medidas definitivas para corregir el ver-

---

7 Los hechos en la demanda que se adelanta en el Tribunal Administrativo del Cesar, Exp. 200012333900220160016000.

timiento de aguas residuales en el río Cesar, toda vez que se amenazaba el derecho colectivo al ambiente.

En promedio cada pescador recaudaba un monto entre 30.000 y 40.000 pesos diarios de lunes a sábado por la actividad realizada.

A pesar de todas las acciones, la contaminación del río Cesar continúa, por lo que muchas familias han perdido su fuente de trabajo y se han obligado a desplazarse, por el accionar de Emdupar y la falta de gestión de Corpocesar.

Teniendo en cuenta lo anterior, el juicio de causalidad que propone el demandante en el caso de análisis sería el siguiente:

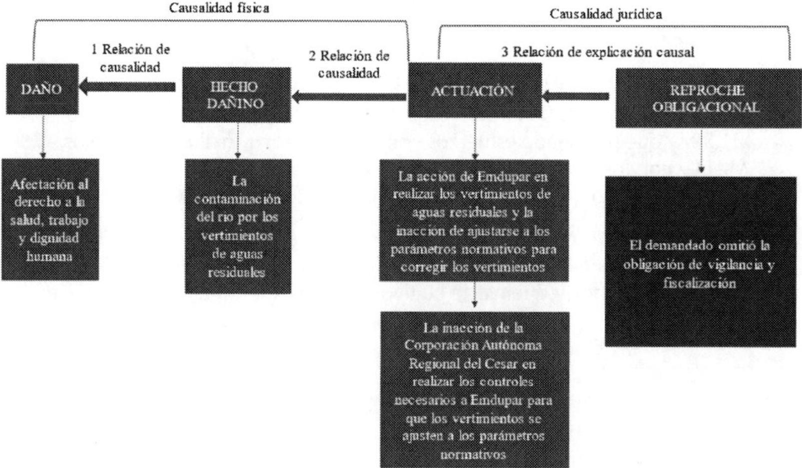

Elaboración propia

Como puede advertirse, el juicio de reproche obligacional es por una omisión concretada en la inacción en no realizar las acciones que le hubiera restado efectividad contributiva a la acción material realizada por Emdupar que tiene una relación de causalidad con el hecho dañino. Al respecto, solo resta por precisar que el demandante al plantear dicho juicio, tendría la carga de la prueba referente con cada una de las premisas de las distintas relaciones tanto de causalidad como de explicación causal, y particularmente, tendría que probar cuáles son las inacciones que se constituyen como premisas de la relación con el hecho dañino y a su vez en conjunción con la actuación de Emdupar y posteriormente, si esas inacciones se constituyen en omisiones por lo que deberá justificar normativamente su explicación causal.

c. El Tribunal Administrativo de Cundinamarca mediante la sentencia del 30 de marzo del 2022, resolvió un proceso de reparación directa en contra del Ministerio del Interior y de la Policía Nacional en el cual realizó las siguientes precisiones[8]:

> Se configura la omisión en el deber de protección del Ministerio de Defensa – Policía Nacional:
>
> Lo quinto, que en relación con la actuación del Ministerio de Defensa – Policía Nacional, se encontró demostrado que la Policía Nacional ha cumplido con su mandato legal y constitucional de materializar las decisiones de desalojo emitidas en el marco de los procedimientos policivos de lanzamiento por ocupación de hecho (1.12, 1.19, 1.21, 1.32, 1.36 y 1.44).
>
> También, que la Fuerza Pública ha acudido a prestar el servicio de atención inmediata cuando ha sido requerido por el demandante (1.23, 1.25, 1.28 y 1.30) y que ha aunado esfuerzos con el Escuadrón Móvil Antidisturbios – ESMAD y con los miembros del Ejército Nacional para controlar las alteraciones al orden público que allí se presentan (1.20, 1.28, 1.35 y 1.46).
>
> Sin embargo, lo que advierte esta Corporación es que las actuaciones adelantadas por la Policía Nacional han sido insuficientes e ineficaces en relación con las invasiones y quema de cultivos que han tenido lugar en la Hacienda

---

8 En la sentencia del 30 de marzo del 2022 proferida por el Tribunal Administrativo de Cundinamarca, Exp. 25000233600020170043501 se precisaron los siguientes hechos:
Se demostró en el expediente que i) el demandante había celebrado contrato de arrendamiento del bien inmueble "Hacienda García Arriba" con los señores Álvaro Rafael Saa Varona y Beatriz Casasfranco de Posada (q.e.p.d.) para su explotación económica (1.3 y 1.4), ii) había celebrado contrato de comercialización de "caña en mata" con el Ingenio Azucarero del Cauca – INCAUCA S.A. para plantar caña de azúcar en la totalidad del bien Hacienda García Arriba buscando utilidad económica (1.5, 1.6 y 1.7), ii) también, que los integrantes del resguardo indígena de Páez de Corinto han destruido en reiteradas ocasiones las siembras de caña de azúcar que aún no estaban para cortar y entregar a INCAUCA S.A., en lo corrido de los años 2015, 2016 y 2017 (1.11, 1.13, 1.14, 1.15, 1.16, 1.18, 1.19, 1.20, 1.22, 1.25, 1.30, 1.31, 1.35, 1.38, 1.45, 1.48, 1.58 y 1.59) y iii) que ello ha causado que se hayan contabilizado quemas de cultivos dentro del cumplimiento del contrato suscrito con INCAUCA (1.52), así como la imposibilidad de sembrar cultivos de caña en la totalidad de la extensión del predio por invasiones constantes de la comunidad indígena (1.56, 1.58 y 1.59), causándose pérdidas económicas que debe asumir por su cuenta y riesgo (1.57).

García Arriba; así como respecto del cumplimiento de los deberes constitucionales y legales que recae sobre esta institución.

(...)

Así entonces, en casos como el que aquí nos ocupa, donde se acreditó que el hecho generador del daño antijurídico deviene de una práctica ilegal, reiterada y sistemática, que es de público conocimiento de las autoridades y, por ende, se torna previsible, no podría alegar la Fuerza Pública que cumplió con sus deberes constitucionales y legales sin demostrar que efectivamente realizó acciones positivas para resolver la controversia, no sólo en relación con su reacción inmediata frente a los hechos concretos de invasión, sino a través de la creación de un plan de acción específico y coordinado que pretenda garantizar el núcleo básico de los derechos de los sujetos en disputa de forma prolongada en el tiempo. Especialmente, el del señor Saa Casasfranco dentro de la Hacienda García Arriba".

Se probó la falla en el servicio atribuible al Ministerio del Interior:

Ello, toda vez que i) pese a que los hechos de violencia e invasión persisten y son de su conocimiento, no se probó que el Ministerio del Interior realizara algún otro tipo de acercamiento con la comunidad indígena ocupante de los predios en fechas posteriores a 2015, ii) no coordinó un diálogo institucionalizado donde pudiera escucharse las exigencias de la comunidad indígena y se propiciara por la solución concertada de la problemática en compañía de las demás autoridades públicas que pudieran verse inmersas en la solución del problema, iii) no se demostró la creación e implementación de una verdadera política pública de seguridad y convivencia ciudadana que se hubiere gestado con las demás autoridades nacionales o territoriales, ni con la CRIC, pese a que sus funciones le exigen la coordinación y colaboración entre entidades públicas como el Ministerio de Defensa a efectos de la creación de planes de acción que aseguren la seguridad y la convivencia y iv) tampoco se advierte que adelantara una actuación administrativa que se corresponda con la naturaleza de sus funciones y su papel representativo del Gobierno Nacional y el Estado como garante de los derechos de todos los asociados. **[fin de cita]**

Teniendo en cuenta lo anterior, el juicio de causalidad que se propone en la sentencia analizada sería el siguiente:

Elaboración propia

Con el anterior esquema de análisis se podría llegar a múltiples conclusiones en relación a si existen o no las inacciones que se consideraron como premisas para la relación de causalidad con el hecho dañino, pues como se advierte, para que las inacciones que se consideraron tuvieran una relación extensional con el hecho dañino deberían estar en conjunción con la acción del tercero, con la advertencia que fueron 19 invasiones. Todo ello, debería estar acreditado.

Igualmente, en relación con el reproche obligacional se debería justificar desde el punto de vista normativo si esas inacciones se constituyen en omisiones, en el entendido de que en algunas ocasiones se le atribuyen funciones a la responsabilidad de los demandados que no tiene, sino las que a juicio de las partes o del juzgador deberían tener.

Conclusiones

1. El enfoque de la responsabilidad patrimonial al estar dado por la conjunción -*la víctima y su daño-,* la principal función de la responsabilidad patrimonial es la reparadora, la cual consiste en tratar de dejar a la víctima indemne, más no mejorada en su patrimonio como si el daño hubiera sido un beneficio, siempre y cuando se estructuren las demás condiciones necesarias para la atribución de la responsabilidad.
2. La responsabilidad patrimonial debe ser analizada no desde la óptica de la solidaridad, sino desde la óptica misma del daño; ese tendría que ser el centro de atención tanto para su cuantificación, como para la determinación de las víctimas, su causación y su imputación.
3. La función del juez de daños no es únicamente la de ordenar su reparación, sino que va más allá, como lo es la de lograr que con sus decisiones se logre un cambio en el comportamiento de la administración pública y en general del Estado, por lo cual, se deben implementar estrategias de prevención del daño antijurídico desde el análisis mismo de las sentencias.
4. La causalidad tiene un amplio desarrollo teórico y por lo mismo, su análisis desde la práctica jurídica ha presentado ciertos problemas, en atención a que dependiendo del análisis teórico que se realice o de la teoría o corriente que siga el juez, dependerá el resultado del juicio de responsabilidad, pues de la selección de la condición o evento a la que se le otorga la categoría de causa índice.
5. Los dos modelos de la indagación causal, el de la unificación y el de la bifurcación, comparten la premisa de que en el juicio de causalidad existen unas cuestiones fácticas y otras jurídicas.
6. En la resolución de los casos es persistente la tesis consistente en la no utilización de las teorías de la causalidad jurídica de

manera acertada, develando que en la gran mayoría de los casos, resulta inoficioso traerlas a colación.

7. Las actuaciones estatales o de la administración no son en estricto sentido las que se deben analizar de una manera directa y simple, si son o no causantes de daños, sino lo que se debe analizar es su proyección y/o interacción con la víctima y las demás causas, lo que en últimas nos daría para precisar que esa modulación de la actuación estatal es la que realmente tendría la potencialidad de causar un daño desde el plano físico y jurídico.
8. Lo que se analiza de las actuaciones en términos de causalidad como elemento de la responsabilidad patrimonial del Estado, serían básicamente dos, (i) las actuaciones sin reproche obligacional y (ii) las actuaciones con reproche obligacional; pues es allí, en donde se nutre todo el juicio de responsabilidad, y se establecerán las premisas básicas y claras para que se analicen los fundamentos o títulos de imputación.
9. La causalidad física estaría comprendida por dos análisis en conjunción, el estudio de la relación de causalidad entre el daño y el hecho dañino, y el de la relación de causalidad entre dicho hecho dañino y una actuación que puede ser por acción del Estado, de un tercero, de la víctima o de la naturaleza, o bien por una inacción.
10. La causalidad jurídica estaría comprendida por el análisis de la relación de explicación causal entre la actuación y el juicio de reproche que se le realice al Estado, pues una vez determinadas cuáles son las causas físicas del daño, en la causalidad jurídica, es necesario realizar el estudio de si dicha actuación estuvo o no vinculada a la función estatal o de la administración pública.

Bibliografía

DOCTRINA CITADA

Abogacía General del Estado de España, D. (2015). *Manual de Responsabilidad Pública.* Madrid: Aranzadi.

Ahumada Ramos, F. (2009). *La Responsabilidad Patrimonial de las Administraciones Públicas.* Navarra: Aranzadi.

Atienza, M. (2013). *Curso de argumentación jurídica.* Madrid: Trotta.

Bárcena Zubieta, A. (2014). El derecho de daños como banco de pruebas de una disputa filosófica sobre la causalidad. En D. M. Papayannis, *Causalidad y atribución de responsabilidad* (págs. 183-214). Madrid: Marcial Pons.

Battista Ratti, G. (2014). Los contrafácticos en el derecho. Un inventario de problemas. En D. M. Papayannis, *Causalidad y atribución de responsabilidad* (págs. 78-98). Madrid: Marcial Pons.

Bermejo Vera, J. (2013). *Derecho Administrativo Básico.* Navarra: Civitas.

Bunge, M. (1965). *Causalidad, el principio de la causalidad en la ciencia moderna.* Buenos Aires: Universitaria de Buenos Aires–Viamonte.

Campagnucci de Caso, R. (1984). *Responsabilidad civil y relación de causalidad.* Buenos Aires: Astrea.

Campagnucci de Caso, R. (1997). *Manual de obligaciones.* Buenos Aires: Astrea.

Casals, M. M. (2020). Acotaciones sobre la relación de causalidad y el alcance de la responsabilidad desde una perspectiva comparada. En M. Santos, J. R. Mercader, y P. Del Olmo, *Los nuevos retos del derecho de daños en iberoamérica* (págs. 215-264). Valencia: Tirant lo Blanch.

Cassagne, J. C. (2016). *Los grandes principios del derecho público.* Madrid: Reus S.A.

Coleman, J. L. (2010). *Riesgo y daños.* Madrid: Marcial Pons.

Cosculluela Motaner, L. (2018). *Manual de Derecho Administrativo.* Navarra: Civitas.

Cuevillas, I. (2000). *La relación de causalidad en la órbita del derecho de daños.* Valencia: Tirant lo Blanch.

Estado, A. N. (s.f.). *Agencia Nacional de Defensa Jurídica del Estado.* Obtenido de Agencia Nacional de Defensa Jurídica del Estado: www.defensajuridica.gov.co/servicios-al-ciudadano/politicas_prevencion/Paginas/default.aspx.

Estado, A. N. (2021). *Agencia Nacional de Defensa Jurídica del Estado.* Obtenido de Agencia Nacional de Defensa Jurídica del Estado: https://conocimientojuridico.defensajuridica.gov.co/prevencion/#1576699354091-b6fc1e46-abe0. Ver semáforo de estado de las PPDA 2020-2021.

Fernández Farreres, G. (2018). *Sistema de Derecho Administrativo II.* Navarra: Civitas.

Ferrer, J. (2014). La prueba de la causalidad en la responsabilidad civil. En D. Papayannis, *Causalidad y atribución de responsabilidad* (págs. 215-234). Madrid: Marcial Pons.

García de Enterria, E., y Fernández, T. (1995). *Curso de Derecho Administrativo II.* Madrid: Civitas.

García de Enterria, E. (2006). *Los principios de la nueva Ley de Expropiación Forzosa.* Madrid: Civitas.

García de Enterría, E., y Fernández, T. R. (2013). *Curso de derecho administrativo II.* Navarra: Thomson Reuters.

García Amado, J. (septiembre-febrero de 2011-2012). Responsabilidad jurídica. *Eunomía, revista en cultura de la legalidad*(1), 125-132.

García Amado, J. A. (24 de noviembre de 2015). *Sobre causalidad y otros mitos doctrinales en la responsabilidad por daño extracontractual.* Obtenido de Almacén D derecho : http://almacendederecho.org/sobre-causalidad-y-otros-mitos-doctrinales-en-la-responsabilidad-por-dano-extracontractual.

García, M., y Montijano, R. (2008). *Imputación objetiva, causa próxima y alcance de los daños indemnizables.* Granada: Comares.

Gesualdi, D. (2000). *Responsabilidad civil. Factores objetivos de atribución. Relación de causalidad.* Buenos Aires: Hammulabi.

Gil Botero, E. (2013). La teoría de la imputación objetiva en la responsabilidad extracontractual del Estado. En C. Bernal Pulido, y J. Fabra Zamora, *La filosofía de la responsabilidad civil* (págs. 473-511). Bogotá: Universidad Externado.

Gil Botero, E., y Rincon Cordoba, J. (2016). *La responsabilidad patrimonial del servidor público.* Bogotá: Universidad Externado de Colombia.

Goldenberg, I. (2000). *La relación de causalidad en la responsabilidad civil.* Buenos Aires: La Ley.

González Lagier, D. (2007). Sobre el deber de tolerar la acción de salvaguarda en los casos de estado de necesidad agresivo. *Discusiones*(7), 171.

González Lagier, D. (2013). *Las paradojas de la acción.* Madrid: Marcial Pons.

Günther, J. (1994). *La imputación objetiva en derecho penal.* Bogotá: Universidad Externado de Colombia.

Guzmán Jiménez, L., y Olivares Torres, F. (2023). Responsabilidad por daños al medio ambiente. En C. Móntes Cortez, *Lecturas sobre derecho del Medio Ambiente Tomo XXIII* (págs. 479-515). Bogotá: Universidad Externado de Colombia.

Henao Pérez, J. C. (1998). *El daño.* Bogotá: Universidad Externado de Colombia.

Joachim Rudolphi, H. (1998). *Causalidad e imputación objetiva.* Bogotá: Universidad Externado de Colombia.

Landes, W., y Posner, R. (1983). Causation in Tort Law. En *Economic Approach, Journal of Legal Studies 12(1)*

Marienhoff, M. (1973). *Tratado de derecho administrativo.* Buenos Aires: Abeledo-Perrot.

Martín Rebollo, L. (1991). Nuevos planteamientos en materia de Responsabilidad de las Administraciones Públicas. En S. Martín-Retortillo Baquer, y E. García de Enterría, *Estudios sobre la Constitución española* (págs. 2781-2826). Vol.3. Madrid: Civitas.

M´causland Sánchez, M. C. (2013). Responsabilidad del Estado por daños causados por actos violentos de terceros. En C. Bernal Pulido, y J. Fabra Zamora, *La filosofía de la responsabilidad civil* (págs. 513-591). Bogotá: Universidad Externado de Colombia.

M`causland Sánchez, M. C. (2019). *Equidad judicial y responsabilidad extracontractual.* Bogotá: Universidad Externado de Colombia.

Mill, J. S. (1943). *A System of Logic.* London: Longmans.

Mir Puigpelat, O. (2012). *La responsabilidad patrimonial de la administración.* Madrid: Edisofer.

Moore, M. (2011). *Causalidad y responsabilidad, un ensayo sobre derecho, moral y metafísica.* Madrid: Marcial Pons.

Morell Ocaña, L. (1999). *Curso de Derecho Administrativo.* Navarra: Aranzadi.

Moreu Carbonell, E. (2019). La Responsabilidad Patrimonial de la Administración. En P. Menendez, y A. Ezquerra, *Lecciones de Derecho Administrativo* (págs. 843-853). Navarra: Civitas.

Moreno Molina, J. (2012). La responsabilidad patrimonial de las administraciones públicas. En J. Moreno Molina, *Procedimiento administrativo práctico.* Madrid: La Ley.

Muffato, N. (2014). Materiales para un análisis de los conceptos de relevancia probatoria y causal. En D. Papayannis, *Causalidad y atribución de responsabilidad* (págs. 45-76). Madrid: Marcial Pons.

Olivares Torres, F. Y. (2017). *La causalidad, elemento de la atribución del deber de reparar un daño antijurídico.* Bogotá: Ibañez.

Orgaz, A. (s.f.). *El daño resarcible.* Buenos Aires: Bibliográfica Omeba.

Pantaleón Prieto, F. (1995). *Responsabilidad médica y responsabilidad de la administración.* Madrid: Civitas Ediciones.

Papayannis, D. (2014). Causalidad, probabilidad y eficiencia en los juicios de responsabildiad. En D. M. Papayannis, *Causalidad y atribución de responsabilidad* (págs. 139-182). Madrid: Marcial Pons.

Parejo Alfonso, L. (2003). *Derecho Administrativo.* Barcelona: Ariel.

Pérez Medina, G. (2013). *Imputación y/o causalidad, elementos concurrentes en el juicio de responsabilidad extracontractual del Estado.* Bogotá: Tesis de Maestría en Responsabilidad Civil y del Estado–Universidad Externado de Colombia.

Pimiento Echeverri, J. A. (2015). Responsabilidad o solidaridad. el fundamento del deber de reparar en el ámbito de la responsabilidad extracontractual del estado. En J. C. Henao Pérez, y A. F. Ospina, *La Responsabilidad extracontractual del Estado. ¿Qué? ¿Por qué? ¿Hasta dónde? XVI Jornadas Internacionales de Derecho administrativo* (pág. 19). Bogotá: Universidad Externado de Colombia.

Prades, J. L. (2014). La fragilidad de los sucesos y la normatividad de la causalidad. En D. M. Papayannis, *Causalidad y atribución de responsabilidad* (págs. 19-43). Madrid: Marcial Pons.

Reyes Alvarado, Y. (1994). *Imputación objetiva.* Bogotá: Temis.

Rodríguez Lopez, P. (2010). *Manual sobre la responsabilidad en el derecho español.* Madrid: Edisofer.

Rojas Quiñones, S., y Mojica Restrepo, J. (2014). De la causalidad adecuada a la imputación objetiva en la responsabilidad civil colombiana. *129 Vniversitas–Universidad Javeriana,* 187-235.

Sepulveda Medina, H. (2004). Responsabilidad por daños dogma causal: la absurda vigencia de un principio en crisis secular. *Nueva época No. 22,* 157.

Serrano Escobar, L. (2011). *Imputación y causalidad en materia de responsabilidad por daños.* Bogotá: Tesis Doctoral–Universidad Externado de Colombia.

Serrano Roa, J. P. (2016). *La aplicación de la teoría de la posición de garante en la determinación de la falla del servicio.* Bogotá: Tesis Maestría Responsabilidad Civil y del Estado, Universidad Externado de Colombia.

Soler, S. (1951). *Derecho penal Argentino.* Buenos Aires: Tea.

Strawson, P. F. (1992). Causation and explanation. *Analysis and Metaphysics, Oxford University Press.*

Trazegnies, F. (1988). *La responsabilidad extracontractual.* Lima: Pontificia Universidad Católica del Perú.

Wright, R. W. (2012). La pesadilla y el noble sueño: Hart y Honoré sobre causalidad y responsabilidad. En K. Matthew H, B. Claire Grant, y A. Hatzistavrou, *El legado de H.L.A. Hart* (pág. 464). Madrid: Marcial Pons.

Yzquierdo, M. (2017). *Responsabilidad civil extracontractual.* Madrid: Dykinson.

SENTENCIAS CITADAS

SECCIÓN PRIMERA DEL CONSEJO DE ESTADO COLOMBIANO

2021

Consejo de Estado, Sección Primera. (18 de febrero del 2021). Exp. 63001233300020180017101 [M.P.: Peña Garzón, N. M.].

SECCIÓN TERCERA DEL CONSEJO DE ESTADO COLOMBIANO

2022

Consejo de Estado, Sección Tercera. (26 de enero del 2022). Exp. 05001233100020060047601 [M.P: Bermúdez Muñoz, M. G.].

Consejo de Estado, Sección Tercera. (18 de febrero del 2022). Exp. 27001233300020130015103 (67253) [M.P.: Velásquez Rico, M. N.].

2021

Consejo de Estado, Sección Tercera. (19 de marzo del 2021). Exp. 68001233300020130014401 [M.P: Sáchica Méndez, J. R.].

Consejo de Estado, Sección Tercera. (19 de marzo del 2021). Exp. 15001233100020060295401 [M.P.: Velásquez Rico, M. N.].

Consejo de Estado, Sección Tercera. (26 de julio del 2021). Exp. 05001233100020110022901 [M.P.: Rodríguez Navas, J. E.].

Consejo de Estado, Sección Tercera. (13 de agosto del 2021). Exp. 50502 [M.P.: Sáchica Méndez, J. R.].

Consejo de Estado, Sección Tercera. (18 de noviembre del 2021). Exp. 25000232600020070029401 (44670) [M.P: Bermúdez Muñoz, M. G.].

2020

Consejo de Estado, Sección Tercera. (18 de diciembre del 2020), Exp. 20012331000201000051001 [M.P.: Sánchez Luque, L.].

2018

Consejo de Estado, Sección Tercera. (16 de agosto del 2018). Exp. 37719 [M.P.: Conto Díaz del Castillo, S.].

2017

Consejo de Estado, Sección Tercera. (20 de junio del 2017). Exp. 18860 [M.P.: Pazos Guerrero, R.].

2016

Consejo de Estado, Sección Tercera. (27 de enero del 2016). Exp. 33220 [M.P.: Velásquez Rico, M.N.].

Consejo de Estado, Sección Tercera. (27 de abril del 2016). Exp. 50231 [M.P.: Andrade Rincón, H.].

Consejo de Estado, Sección Tercera. (14 de diciembre del 2016). Exp. 37772 [M.P.: Pazos Guerrero, R.].

2015

Consejo de Estado, Sección Tercera. (12 de febrero del 2015). Exp. 31579 [M.P.: Andrade Rincón, H.].

Consejo de Estado, Sección Tercera. (15 de abril del 2015). Exp. 39099 [M.P.: Andrade Rincón, H.].

Consejo de Estado, Sección Tercera. (29 de abril del 2016). Exp. 31406 [M.P.: Conto Díaz del Castillo, S.].

Consejo de Estado, Sección Tercera. (13 de mayo del 2015). Exp. 33911 [M.P.: Andrade Rincón, H.].

Consejo de Estado, Sección Tercera. (3 de septiembre del 2015). Exp. 34255. [M.P.: Conto Díaz del Castillo, S.].

Consejo de Estado, Sección Tercera. (26 de agosto del 2015). Exp. 33113 [M.P.: Andrade Rincon, H].

2014

Consejo de Estado, Sección Tercera. (28 de agosto del 2014). Exp. 26251 [M.P.: Santofimio Gamboa, J. O.].

Consejo de Estado, Sección Tercera. (28 de agosto del 2014). Exp. 32988 [M.P.: Pazos Guerrero, R. J.].

Consejo de Estado, Sección Tercera. (28 de agosto del 2014). Exp. 27709 [M.P.: Zambrano Barrera, C. A.].

Consejo de Estado, Sección Tercera. (28 de agosto del 2014). Exp. 31172 [M.P.: Valle de La Hoz, O. M.].

Consejo de Estado, Sección Tercera. (28 de agosto del 2014). Exp. 36149 [M.P.: Andrade Rincón, H.].

Consejo de Estado, Sección Tercera. (28 de agosto del 2014). Exp. 28804 [M.P.: Conto Díaz del Castillo, S.].

Consejo de Estado, Sección Tercera. (28 de agosto del 2014). Exp. 31170 [M.P.: Gil Botero, E. J.].

Consejo de Estado, Sección Tercera. (28 de agosto del 2014). Exp. 28832 [M.P.: Rojas Betancourt, D.].

2012

Consejo de Estado, Sección Tercera. (9 de mayo del 2012). Exp. 21906 [M.P.: Fajardo Gómez, M].

Consejo de Estado, Sección Tercera. (29 de febrero del 2012). Exp. 21536 [M.P.: Gil Botero, E. J.].

2011

Consejo de Estado, Sección Tercera. (7 de febrero del 2011). Exp. 19038 [M.P.: Gil Botero, E. J.].

2010

Consejo de Estado, Sección Tercera. (17 de marzo del 2010). Exp. 17656 [M.P.: Fajardo Gómez, M.].

Consejo de Estado, Sección Tercera. (17 de marzo del 2010). Exp. 18526 [M.P.: Fajardo Gómez, M.].

Consejo de Estado, Sección Tercera. (28 de abril del 2010), Exp. 18322 [M.P.: Fajardo Gómez, M.].

2007

Consejo de Estado, Sección Tercera. (5 de diciembre del 2007), Exp. 15128 [M.P.: Saavedra Becerra, R.].

2004

Consejo de Estado, Sección Tercera. (1 de julio del 2004), Exp. 15176 [M.P.: López Díaz Tilla, L.].

1994

Consejo de Estado, Sección Tercera. (6 de octubre de 1994), Exp. 8200 [M.P.: Rodríguez Navas, J.E.].

Corte Constitucional Colombiana

2022

Corte Constitucional, Sala Plena. (5 de mayo de 2022). Sentencia SU-157 del 2022 [M.P.: Ortiz Delgado, G. S].

2021

Corte Constitucional, Sala Plena. (22 de octubre de 2021). Sentencia SU-363 del 2021 [M.P.: Rojas Ríos, A].

2020

Corte Constitucional, Sala Plena. (26 de agosto de 2020). Sentencia SU-353 del 2020 [M.P.: Guerrero Pérez, L. G.].

2018

Corte Constitucional, Sala Plena. (5 de julio de 2018). Sentencia SU-072 del 2018 [M.P.: Reyes Cuartas, J. F.].

2015

Corte Constitucional, Sala Plena. (01 de julio de 2015). Sentencia C-410 del 2015 [M.P.: Rojas Ríos, A.].

2013

Corte Constitucional, Sala Plena. (3 de diciembre de 2013). Sentencia C-908 del 2013 [M.P.: Rojas Ríos, A.].

2011

Corte Constitucional, Sala Plena. (31 de agosto de 2011). Sentencia C-644 del 2011 [M.P.: Palacio Palacio, J. I.].

Corte Constitucional, Sala Plena. (30 de marzo de 2011). Sentencia C-227 del 2011 [M.P.: Henao Pérez, J. C.].

2006

Corte Constitucional, Sala Plena. (01 de febrero de 2006). Sentencia C-038 del 2006 [M.P.: Sierra Porto, H. A.].

2004

Corte Constitucional, Sala Plena. (27 de enero de 2004). Sentencia C-043 del 2004 [M.P.: Monroy Cabra, M. G.].

2002

Corte Constitucional, Sala Plena. (23 de abril de 2002). Sentencia C-285 del 2002 [M.P.: Córdoba Triviño, J.].

Corte Constitucional, Sala Plena. (4 de diciembre de 2002). Sentencia C-1074 del 2002 [M.P.: Cepeda Espinosa, M. J.].

2001

Corte Constitucional, Sala Plena. (8 de agosto de 2001). Sentencia C-832 del 2001 [M.P.: Escobar Gil, R.].

2000

Corte Constitucional, Sala Plena. (12 de abril de 2000). Sentencia C-430 del 2000 [M.P.: Barrera Carbonell, A.].

1996

Corte Constitucional, Sala Plena. (01 de agosto de 1996). Sentencia C-333 de 1996 [M.P.: Martínez Caballero, A.].

Tribunal Administrativo de Antioquia

2022

Tribunal Administrativo de Antioquia. (10 de marzo de 2022). Exp. 050012333000201301680-01.

2021

Tribunal Administrativo de Antioquia. (23 de junio de 2021). Exp. 05001233300020180192600. [M.P.: Navarro Giraldo, L.P.].

Tribunal Administrativo de Cundinamarca

2022

Tribunal Administrativo de Cundinamarca. (30 de marzo de 2022). Exp. 25000233600020170043501.

2021

Tribunal Administrativo de Cundinamarca. (24 de noviembre de 2021). Exp. 110013337040201700238-01.

Tribunal Administrativo del Meta

2021

Tribunal Administrativo del Meta. (11 de marzo de 2021). Exp. 500012331000200220210-00.

Tribunal Administrativo del choco

2016

Tribunal Administrativo del Chocó. (31 de octubre de 2016). Exp. 7001333170620040040901.

Juzgado Octavo Administrativo de Neiva

2022

Juzgado Octavo Administrativo de Neiva. (20 de enero de 2022). Exp. 41001333300820170014400. [M.P.: Rojas Noguera, M.C.].

Juzgado Veintiséis Administrativo de Medellín

2022

Juzgado Veintiséis Administrativo de Medellín. (28 de marzo de 2022). Exp. 050013333026201200454-00.

Juzgado Sesenta y Tres de Bogotá

2022

Juzgado Sesenta y Tres de Bogotá. (28 de marzo de 2022). Exp. 11001334306320170 0239-00.

Juzgado Sexto Administrativo de Sincelejo

2022

Juzgado Sexto Administrativo de Sincelejo. (25 de marzo de 2022). Exp. 70001333100620050 1546-00.

Juzgado Sesenta y Cuatro de Bogotá

2021

Juzgado Sesenta y Cuatro de Bogotá. (17 de junio de 2021). Exp. 11001334306420160 0345-00.